WALTER BENJAMIN
The Storyteller Essays

The Storyteller Essays
by Walter Benjamin

Introduction Copyright © 2019 by Samuel Titan
"Schweigen und Spiegel", "Das Riesenspielzeug als Sage" Copyright © 1930, 1935 by Ernst Bloch
"Die Theorie des Romans" Copyright © 1916 by Georg Lukács
Korean Translation Copyright © 2025 by HYUNDAE MUNHAK PUBLISHING CO., LTD.
All rights reserved.

이 책에 실린 새뮤얼 타이탄의 「서문」과 에른스트 블로흐의 「침묵과 거울」 「거인들의 장난감: 영웅담」의 한국어판 저작권은 저작권자와 독점 계약한 ㈜현대문학이 가지고 있습니다. 저작권법에 의해 한국 내에서 보호를 받는 저작물이므로 무단전재와 무단복제를 금합니다.

WALTER BENJAMIN
The Storyteller Essays

이야기꾼
에세이

발터 벤야민 지음
새뮤얼 타이탄 엮음
김정아 옮김

차 례

서문 · 7

『이야기꾼 에세이』

요한 페터 헤벨 · 35

소설의 위기: 되블린의 『베를린 알렉산더 광장』에 관하여 · 48

산딸기 오믈렛 · 62

리스본 지진 · 65

오스카 마리아 그라프: 이야기꾼 · 77

속담에 관하여 · 83

손수건 · 85

이야기와 치유 · 94

소설 읽기 · 96

이야기 기술 · 98

벽난로에서: 한 소설의 출간 25주년을 기념하며 · 102

경험지와 부족함 · 112

이야기꾼: 니콜라이 레스코프의 작품에 대한 고찰 · 124

다른 저자들의 글

침묵과 거울 에른스트 블로흐 · 177

거인들의 장난감: 영웅담 에른스트 블로흐 · 182

마리 모니에의 수예 폴 발레리 · 194

『소설의 이론』 중에서 게오르크 루카치 · 197

슬픔에 대하여 미셸 드 몽테뉴 · 210

『역사』 중에서 헤로도토스 · 219

『보물상자: 온 가족의 친구』 중에서 요한 페터 헤벨 · 223

텍스트 출처 · 234

찾아보기 · 236

일러두기

1. 이 책에는 발터 벤야민이 쓰고 새뮤얼 타이탄이 엮은 Walter Benjamin, ed. by Samuel Titan and tran. by Tess Louise, *The Storyteller Essays*(New York Review Books, 2019)에 실린 모든 텍스트를 포함하고 있다. 번역은 엮은이가 〈텍스트 출처〉에 밝힌 원문을 저본으로 삼았다.

2. 맞춤법과 외래어 표기는 국립국어원의 현행 규정과 표기법을 따랐다. 단, 발터 벤야민Walter Benjamin, 게오르크 루카치Georg Lukács 등의 일부는 관용에 따랐다.

3. 원서에서 이탤릭체로 강조한 것은 고딕체로 표시했다.

4. 모든 주는 각주로 처리했다. 발터 벤야민의 주는 (원주)로, 새뮤얼 타이탄의 주는 (엮은이주)로 표시했고, 그 외 모든 주는 옮긴이주이다.

5. 단행본 및 정기간행물 등은 『 』로, 시, 희곡, 단편, 논문 등은 「 」로, 회화, 음악, 영화, 공연 등은 〈 〉로 구분했다.

서문

책의 운명이라는 것이 있다. 에세이의 운명이라는 것도 있을 것이다. 어쨌든 「이야기꾼」의 운명은 한 편의 글이 가는 길이 얼마나 놀라울 수 있는지를 보여주는 좋은 예다. 1933년에 독일을 장악한 나치를 피해 망명을 떠난 독일 유대인이 생계유지의 일환으로 쓴 글이라는 것, 훌륭하기는 하지만 널리 읽히지는 않는 러시아 작가를 논의하겠다고 하는데, 그러면서 자꾸 다른 주제들로 넘어간다는 것, 이 글을 실어준 스위스의 특이한 잡지는 1937년에 이 글이 게재된 호를 마지막으로 폐간되는데, 당시 이 잡지의 구독자 수는 35명이었다는 것, 이 글의 저자는 그로부터 3년 뒤에 나치에게 점령당한 프랑스를 탈출하던 중

스스로 목숨을 끊었고 그러면서 사방팔방의 비평 작업과 방대한 분량의 미완성 원고를 남겼다는 것. 이 중 어떤 것도 성공담을 구성하는 소재로는 보이지 않지만, 그럼에도 발터 벤야민의 「이야기꾼」은 지금 20세기의 문학 에세이를 통틀어 가장 유명한 작품 중 하나가 되어 있다. 문학 연구자들 사이에서는 너무나 잘 알려진 글이고, 인류학, 매체학, 문예창작 같은 분야에서도 자주 읽을거리로 추천되는 글이다. 이 글이 처음 나왔을 때 아무런 조명도 받지 못한 것을 생각하면, 운명의 놀라운 반전이다.

벤야민의 명성은 한나 아렌트, 테오도어 아도르노, 조르주 바타유 등 전쟁이 끝나고 나서도 그를 계속 기억해 준 수많은 이들의 의리 덕분이다. 그들은 그의 작업들과 편지들을 경건하게 발굴하고 주석을 달아서 여러 판형으로 찍어냈다. 대학생 독자를 위한 염가 페이퍼백도 냈고, 그의 전작을 권별로 편집한 하드커버 전집을 독일어본으로뿐 아니라 영어 번역본으로도 냈다. 벤야민의 첫 전집을 냈던 독일의 주어캄프 출판사는 두 번째 전집을 엮는 작업을 한창 진행 중인데, 고대 그리스 문헌 연구의 기억을 되살릴 정도로 빽빽한 주석이 달린 결정판이 나올 예정이다. 그런데도 그의 에세이집을 또 내는 이유는? 더 정확한 질문을 하자. 이렇게 「이야기꾼」 중심의 에세이집을 낸 이유는?

이렇게 『이야기꾼 에세이』를 내야 했던 이유는 바로 「이야기꾼」이 너무 유명한 에세이라는 것과 관련되어 있다. 「이야기꾼」을 소개할 때 독자가 배경지식 없이도 「이야기꾼」을 이해할 수 있을 것처럼 소개하는 경우가 너무 많다. 문학 이론을 탁월하게 녹여낸 글, 과거에 대한 향수를 시적으로 표현해낸 글, 독자가 굳이 『독일 비애극의 기원』이라는 벤야민의 밀도 높은 학술논문과 씨름하거나 『아케이드 프로젝트』라는 그의 미완성 작업의 미로 속에서 길을 잃는 수고를 들이지 않아도 이해할 수 있는 글인 것처럼 말이다. 이 글의 유려한 문체, 이 글을 가득 채우고 있는 잊지 못할 표현들과 충격적인 이미지들이 그러한 선입견을 공고히 하는 경향도 있고, 실제로 이 글의 형체가 잡히는 과정도 벤야민의 다른 글에 비해 그렇게 고되지 않았던 것 같다. 집필에 착수한 것이 1936년 3월 하순이었고 6월에는 완성돼 있었던 듯한데, 그다음 해 여름에야 프리츠 리프의 비평 잡지 『동양과 서양』에 실렸다. 벤야민의 주요 에세이들이 우여곡절 속에 탄생했던 것과 비교하면, 확실히 빠른 작업이었다.

하지만 이러한 설명만으로는 이 글에 어떤 기원들이 얽혀 있는지를 짐작키 어렵다. 「이야기꾼」은 벤야민의 베를린 학창 시절에 시작되어 1920년대 후반기에 추진력을 얻은 긴 사유의 결과물이었다. 그가 1926년부터 1936년까지 발표한 여러 글들(에세이, 신문기사, 서평, 단편 등등)에서 시험한 개념들, 심상들, 논의들이 니콜라이 레스코프에 대한 비평적 초상을 그리는 작업으로 최종 수렴된다. 『이야기꾼 에세이』는 1936년 에세이 「이야기꾼」과 이러한 글들을 함께 내놓음으로써 「이야기꾼」의 핵심 개념 세 가지(경험, 전통, 구술)에 관한 벤야민의 생각들이 어떻게 발전했는지를 더 분명히 드러내고자 한다. 아울러, 이 글을 이렇게 이 글의 전조 격인 글들과 함께 읽는다면, 이 글이 그의 더 큰 주제들과 어떻게 공명하는지를 감지할 수 있고, 「이야기꾼」이 「기술복제시대의 예술작품」과 1930년대 보들레르 에세이들과 나란히 그의 저작의 중심부에 위치한다는 것을 인식할 수 있다. 마지막으로, 벤야민의 글쓰기가 어떻게 움직이는지를 엿보게 해준다는 것도 『이야기꾼 에세이』의 중요한 의의 중 하나다. 예컨대 이 책의 독자는 벤야민이 하나의 아이디어를 어떤 맥락에서 사용해본 뒤에 똑같은 아이디어를 전혀 다른 맥락에서 다시 사용한다는 것, 그러다가 자기가 한 말을 그대로 인용할 때도 있다는 것을 알 수 있다. 또한 이 책의 독자는 그가 미셸 드 몽테뉴나 폴 발레리 같은 저자들의 아이디어를 슬쩍 들여와서 그들의 아이디어를 그들과는 다른 관심사를 논하는 데 사용하는 모습도 볼 수 있다. 마지막으로 이 책의 독자는 벤야민이 하나의 표현(예를 들면, "권태라는 꿈꾸는 새가 경험지라는 알을 품는다")을 때로 몇 년씩 다듬을 정도로 잠언에 재능이 있을 뿐 아니라 영화의 몽타주 기법과 흡사할 정도로 급격한 논의 전환에도 똑같이 재능이 있다는 것을 확인할 수 있다.

"이야기 기술이 소멸해간다."「이야기꾼」서두에서 이 주장은 우리가 "거의 매일" 경험하는 단순한 사실인 것처럼 제시된다. 벤야민은 이 손실을 "우리의 안전자산 중에 가장 안전했던 자산"의 손실, 곧 경험지를 공유하는 능력의 손실로 발 빠르게 정리한 뒤, 이 손실이 언제 일어났는지를 명시한다. "공유될 수 있는 경험지가 더 풍족해진 것이 아니라 더 부족해진 것"은 1차세계대전에 참전했던 군인들이 돌아온 때였다. 기존의 경험지가 모든 전선에서 "거짓"으로 밝혀지기 시작했다. 그런 환멸을 초래한 것은 처음에는 물량전, 나중에는 통제 불능의 인플레이션과 정치적 혼란이었고, 그런 환멸 끝에 남은 것은 "파괴적으로 쓸어버리고 부숴버리는 힘의 장場" 한복판의 "작고 약한 인간의 몸"뿐이었다. 그 격변의 시대가 초래한 결과를 받아 내야 했던 것은 벤야민 본인도 마찬가지였다. 주류 사회에 동화한 부유한 유대인 가정에서 태어나서 경제적으로 점점 영락해갔던 사람. 1925년 프랑크푸르트대학이 『독일 비애극의 기원』을 교수자격논문으로 받아주지 않음으로써 그가 가지고 있던 학계 진출의 희망을 산산조각 낸 것이 영락의 큰 계기였다. 하지만 「이야기꾼」에서 뛰어난 점은 경험지 손실의 최근 국면에 대한 구체적인 설명에서 출발해서 공유되는 경험지와 그런 경험지의 언어적 표현에 해당하는 경험담이 사회생활에서 그 의의를 잃었다는, 우리가 이렇게 나침반을 잃고 표류하고 있는 것은 그 때문이라는 일반론으로 이행하는 방식에 있다.

경험지 손실은 한편으로는 안타까운 사태지만, 다른 한편으로는 고찰할 가치가 있는 주제이기도 하다. 「이야기꾼」의 이런 어조는 벤야민이 「경험지」라는 청년기 에세이에서 사용했던 어조와 극명하게 대비된다. 한때 벤야민은 구스타프 비네켄이 이끄는 생기론자들의 청년운동조직 베를린 지회에서 유력한 인물이었는데, 「경험지」는 그

때 발표된 글이다. 이 선언문 같은 에세이에서 벤야민은 독자들에게 개방적이고 열정적인 청년의 태도를 고수하라고 촉구한다. 원숙한 (표현을 바꾸면, 세상에 싫증난) 상대는 이른바 더 나은 경험지를 내세움으로써 청년의 태도를 억누르고자 하지만, 그렇게 내세워지는 경험지는 대개 "어른의 가면"일 뿐이다. 청년 벤야민에 따르면, 얕은 원숙 개념과 학계철학이 경험에 부과하는 한계들을 넘어 인간을 세계의 온전한 총체 앞에 개방할 가능성으로서의 경험지에 대한 논의가 필요한 것은 그 때문이다. 이런 착상들은 그의 1915년 에세이 「대학생의 삶」에서, 그리고 나중에 1918년에 집필된 미발표작 「미래철학강령」에서도 다시 반향된다.

하지만 1920년대 초중반 사이의 어느 시점에서 벤야민은 운동가 어조를 버리고 번민하기 시작한다. 그로부터 수년 뒤의 그가 「경험지와 부족함」(1933)을 쓰면서 전쟁과 "끔찍하게 발전한 기술력"의 부산물인 허무를 틀어막는 데 동원되었던 복고 양식들의 "잡탕"을 떠올렸던 것만 보더라도, 그 당시의 벤야민을 덮쳤던 번민은 보수적인 길로 들어서는 번민과는 거리가 멀었다. 19세기 부르주아 문화만이 아니라, 부르주아 문화를 거스르는 사회적·정신적 생활양식들까지도 전쟁으로 인해 파괴당했다는 사실, 전쟁이 초래한 결과는 자기가 학생운동가 시절에 열망했던 새벽, 곧 부르주아의 몰락이라는 니체적인 새벽과는 전혀 다른 것이었다는 사실을 벤야민은 1920년대에 이미 알아차렸던 듯하다.*

역사적 재난이 눈앞에서 벌어지고 있던 그때 벤야민이 청년기의 학문적 열정으로부터 멀어졌던 데는 축적되어 있던 문화적 경험지가 눈앞의 재난으로 인해 근본적으로 훼손되었음을 인정하는 대신 스스로를 문화의 훼손과 투쟁하는 문화 수호자로 간주하고 있던 작가들, 저서들, 문학 장르들에 대한 불신도 있었다. 경멸의 어조는 그의 청년기 에세이 「도스토옙스키의 『백치』」(1919)에서 이미 감지된다. 러시아 작가 도스토옙스키와 "보통 수준의 소설가" 사이의 차이를 말하면서 후자를 가리켜 주인공을 "꼭두각시"로 전락시키고 만사를 상식 심리학의 렌즈로 왜곡시키는,

---

* (엮은이주) 이 문제를 좀더 풍부하게 조망하기 위해 마틴 제이Martin Jay, 『경험의 노래들Songs of Experience』(Berkeley: Univ. of California Press, 2005), 8장 「경험의 위기를 탄식함: 벤야민과 아도르노Lamenting the Crisis of Experience: Benjamin and Adorno」 참조. 이 문제는 하워드 아일랜드Howard Eiland와 마이클 W. 제닝스Michael W. Jennig's의 신뢰 가능한 최근 전기 『발터 벤야민 평전Walter Benjamin: A Critical Life』(Cambrige, MA: Belknap Press, 2014)에서도 논의된다.

인물과 운명에 대한 큰 그림을 그릴 줄 모르는 "싸구려 소설"을 쓰는 작가라고 말하는 글이다. 벤야민이 1936년에 「이야기꾼」에서 전쟁소설과 전쟁회고록의 "홍수"라는 이름으로 지칭하게 되는 관습적 서사에 대해서 좋은 말을 하지 않은 것은 1920년대와 1930년대 초반의 모든 글에서도 마찬가지였다. 벤야민이 공동체적 경험지의 위기를 이해하고 논의하기 위해 부르주아 서사와는 다른 서사 모델들을 부르주아 시대 이전의 것이든 이후의 것이든 상관없이 탐색했던 데는 바로 이런 불신과 불만이 있었다.

이런 대안적 이야기 양식들에 대한 관심은 벤야민을 이곳저곳으로 이끌었다. 동화Märchen에 대한 관심도 그중 하나였다. 그는 동화를 "주관성"과 "자의식적 개체성"으로 더럽혀지지 않은 "형식"으로 보았고, 그러면서 동화책 한 권을 써볼 생각까지 했다(1925년 5월 20~25일 게르숌 숄렘에게 보낸 편지 참고). 그 계획은 실현되지 않았지만, 「이야기꾼」 종결부에서는 그 계획의 몇 가지 흔적이 엿보인다. 「산딸기 오믈렛」(1930)은 벤야민이 실제로 동화 장르를 시도하면서 쓴 작품으로, 잃어버린 시간이라는 프루스트적 테마를 다루는 뛰어난 우화다.

보급판 책력에 실리는 짤막한 우화를 뜻하는 책력용

이야기Kalendergeschichte도 벤야민의 관심을 끄는 장르였다. 이 장르가 생긴 것은 17세기이고, 이 장르에서 반박불가한 거장은 독일 남서부에 있던 바덴 대공국의 보급판 책력에 수십 편의 이야기를 싣던* 루터교 목사 요한 페터 헤벨(1760~1826)이다. 벤야민은 바로 이 헤벨에 관한 글을 1926년에서 1929년까지 세 편을 써냈다. 보수적인 평자들의 헤벨 논의, 곧 소도시의 독일적 개성과 근대 세계의 뿌리 없는 코스모폴리타니즘과 대비시키면서 헤벨이 전자를 예고하는 민중 작가인 것처럼 소개하는 논의를 맹비난하는 논쟁적인 작업들이었다. 벤야민이 소개하는 헤벨은 그런 평자들이 소개하는 헤벨과는 전혀 다른 인물, 단순함이 아닌 복잡함으로 특징지어지는 인물이다. 우선, 그는 한편으로는 기독교인이지만 다른 한편으로는 계몽주의 정신을 구현하는 인물이며, 신비주의와 완고한 신앙 대신 인류와 관용을 소중히 여기는 인물이다. 다음으로, 그는 한편으로는 농민 사회를 바탕으로 둔 실리적 사고방식의 소유자로서 전통적 지혜에 물들어 있는 인물이지

---

* (엮은이주) 헤벨은 영어권 독자들에게는 전혀 익숙한 저자가 아니기 때문에, 그의 이야기 선집 『보물상자: 온 가족의 친구』 중 「뜻밖의 재회」 「칸니트퍼스탄」 「불쏘시개 프리더가 교도소를 탈출해서 무사히 국경을 넘은 날」 이렇게 세 편을 본서에 포함시키는 편이 유용할 것이라 판단했다.

만, 다른 한편으로는 별에 대해서도, 현대사에 대해서도 깊이 생각할 수 있는 관조적 영혼의 소유자다. 마지막으로 그는 현지 사투리에는 조예가 깊지만 소설에는 아무 관심도 없는 능수능란한 이야기꾼이다. 벤야민에게 헤벨이 대단히 중요한 작가였다는 점과 「이야기꾼」에서 헤벨이 대단히 중요한 소재라는 점은 아무리 강조해도 지나치지 않다. 우선, 벤야민에게 헤벨은 레스코프로 가는 길이 되어주었다. 벤야민이 헤벨을 읽고 곧이어 레스코프를 본격적으로 읽기 시작했다는 이야기는 1928년 2월 후고 폰 호프만슈탈에게 보낸 편지에도 적혀 있다. 벤야민이 1928년과 1929년에 몇몇 편지에서 「왜 이야기 기술은 사라지고 있는가」라는 글과 「소설가와 이야기꾼」이라는 글을 언급하는 것도 예사롭지 않다. 결국은 두 글 다 집필되지 않았지만, 두 글에서 헤벨이 중심이 되었으리라는 것은 거의 확실하다. 또한 벤야민은 오스카 마리아 그라프라는 동시대 작가를 읽을 때 헤벨의 영향권 하에서 읽었고, 「리스본 지진」(1931)을 비롯한 아동용 라디오 강연에서 어조를 잡을 때 헤벨의 문체를 중요하게 참조했다.

  이 시기의 벤야민은 19세기적 틀을 벗어나는 동시대 소설들 쪽에도 열렬한 관심을 보였다. 예를 들어 1929년 에세이 「프루스트의 이미지」에서 벤야민은 "텍스트" 또는 "작업물"이라는 이름이 더 어울리는 프루스트의 그 책에 대해, 그리고 우리가 소설이라고 알고 있는 것을 녹여 없애는 듯한 그 책의 새로움에 대해 상세히 논한다. 같은 해에 나온 에세이 「초현실주의」에서도 벤야민은 루이 아라공의 『파리의 농부』(1926)와 앙드레 브레통의 『나자』(1928)를 높이 평가하면서 그 이유로 소설을 "유효한 경험을 가능하게 하는 유일한 장소"인 도시의 거리로 끌어들였다는 점을 든다(도시의 거리를 가리키는 이 표현은 브르통의 말로 유명하다). 마지막으로, 벤야민은 알프레드 되블린의 『베를린 알렉산더 광장』을 다루는 1930년 에세이 「소설의 위기」에서 「이야기꾼」에 매우 가까워진다. 1929년에 출간된 되블린의 이 책은 소설 형식을 넘어서고자 하는, 아니 문자 언어마저 넘어서고자 하는 책이고, 벤야민은 입말의 기록이라는 점에서는 고대 서사시와 연결되지만 영화처럼 역동적이라는 점에서는 철저히 현대에 속하는 새로운 형식의 서사가 어떻게 탄생하는가에 대한 사색을 이 책과 함께 펼쳐나간다.

벤야민에게는 전통적인 경험지와 전통적인 이야기가

어떻게 작동해왔고 어떻게 소멸해가는가에 대한 사색을 펼치는 차원과 소설이란 무엇이고 소설의 운명은 무엇인가에 관한 견해를 밝히는 차원이 있다는 점, 그리고 두 차원은 동전의 앞뒷면이라는 점이 이제는 분명해졌기를 바란다. 짧은 이야기「손수건」(1932)과 에세이「벽난로에서」(1933)를 두 폭 제단화처럼 나란히 놓고 읽을 때, 그 점은 특히 분명해진다.「손수건」은 구전 서사의 화자 유형 중 하나인 선장 유형을 꿈결처럼 보여주는 데 비해, 표면적으로는 아널드 베넷의『노부인들의 이야기』에 대한 서평인「벽난로에서」는 구전 서사와는 전혀 다른 소설이라는 장르의 토대 장면으로 고립된 개인이 벽난로 앞에서 생각에 잠기는 장면을 그린다. 이 두 글의 종합으로부터 작성되는 소설론 초안은 게오르크 루카치의 소설론을 반향하는 측면이 있지만, 벤야민의 소설론과 루카치의 소설론은 당연히 다르다.*『소설의 이론』이라는 루카치의 탁월한 에세이는 서사시와 소설의 대립, 즉 의미가 모든 행동 속에 "비非초월적으로" 내재해 있는 세계와 아무 의미 없이

---

* (엮은이주) 루카치의『소설의 이론』(1916)은 베넷 서평을 쓰던 벤야민의 머릿속에서 큰 부분을 차지하고 있었다. 게르숌 숄렘에게 보낸 1933년 5월 17일 편지와 지그프리트 크라카우어에게 보낸 1934년 12월 10일 자 편지 참조.

관습에 매달려 잔상처럼 지속되는 세계의 대립을 그 토대로 삼고 있다. 반면에 벤야민이 볼 때 소설의 강세는 무언가가 형이상학적으로 "불일치"하기 시작한 상황과 관련되어 있다기보다는 전통이 무너지고 개인이 고립되기 시작한 상황, 삶의 의미를 찾고 싶은데 "조언"을 구할 데가 없는 상황과 관련되어 있다. 그런 상황에 처해 있기는 소설의 독자도 마찬가지다. 전형적 소설의 역설적 구조, 곧 고독한 독자가 소설의 온기로 삶의 추위를 녹이는 구조는 그런 상황에서 비롯된다. 그래서 소설은 "오래 가야 하는 것이 아니라 잘 타올라야 한다".

「이야기꾼」이라는 종점을 앞둔 벤야민의 마지막 정거장은 「경험지와 부족함」이다. 이 글에서 벤야민은 우리 모두가 길을 잃었으며 우리에게 닥친 사회적, 인간적 방향 상실이 "완전히 새로운 형태의 부족함"에 해당한다는 것을 "인정"하자고 한다. 우리가 이 상황을 넘어서기 위해 제일 먼저 해야 하는 일은 도피주의적 판타지에 저항하는 것, 그리고 이 새로운 부족함을 부를 때 "야만"이라는 진짜 이름으로 부르는 것이다. 물론 벤야민은 히틀러가 권력을 장악한 그해에 야만이라는 용어를 사용한다는 것의 위험성에 대해 어느 누구보다 잘 알고 있었다. 나치 프로

파간다가 부르주아 문화의 몰락을 말하고 과거의 죄에서 벗어난 야만 시대의 개벽을 말할 때도 오스발트 슈펭글러가 서구 문명의 몰락을 말할 때의 어조를 연상시키는 데가 있었다. 벤야민도 그런 상황을 알고 있지만, "새로 나타난 긍정적 야만의 개념"을 소개하기 위해서는 사자 굴에 들어갈 수밖에 없다. 나치 프로파간다에서 야만 시대의 주인공들이 순수 혈통의 아리아인이라면, 벤야민에게서는 "원점에서 다시 시작하는" 예술가들과 과학자들이다. 알베르트 아인슈타인, 파울 클레, 입체파 화가들, 베르톨트 브레히트, 파울 셰어바르트, 아돌프 로스, 르코르뷔지에를 포함하는 이 명단에는 심지어 월트 디즈니의 미키 마우스까지 포함되어 있다. 한편으로 벤야민은 자기가 여기서 제안하고 있는 비평적 도박이 얼마나 위험천만한지 의식하고 있다. 하지만 다른 한편으로 그는 판돈을 덜 걸고 쓰는 글은 "다가오는 전쟁"이 "그림자"를 드리우고 있는 위기 상황에서 쓰나마나한 글이 되리라고 느끼고 있었던 것 같다.

벤야민이 무슨 생각으로 「이야기꾼」을 쓰기 시작하는지를 1936년 4월 15일 파리에서 키티 마르크스-슈타인슈

나이더에게 보낸 편지가 엿보게 해준다.

"러시아 작가 레스코프는 도스토예프스키와 같은 시대 사람입니다. 아시나요? 유명하지는 않지만 매우 중요한 작가인데……. 러시아 문학사에 대한 논의에 끼어들고 싶은 생각은 없고 그저 이 기회에 레스코프를 핑계로 마구간에 갇혀 있던 늙은 목마 한 마리를 꺼내올까 하는데, 그러면서 소설가와 이야기꾼의 대립 관계에 대한 저의 되풀이되는 고찰을, 그리고 이야기꾼에 대한 저의 오래된 편애를 팔아먹게 될 것 같습니다."

벤야민이 이 에세이에서 일찌감치 말해주듯, "입에서 입으로 전해지는 경험지는 예로부터 모든 이야기꾼들의 소재"인데, "경험지의 값"은 이제 땅에 떨어졌고, 전통적인 이야기꾼의 "활동"도 이제 우리 눈앞에서 사라지고 있다. 이야기꾼은 "조언할 줄 아는 사람," 곧 "엄청난 기억력" 덕분에 예로부터 전해 내려오는 본이 되는 이야기를 들려줄 수 있는 사람이었다. 그가 들려주었던 이야기들은 실용적인 질문이나 윤리적인 질문에 대한 대답이라기보다는, 저마다의 개인적인 이야기나 공동체의 이야기를 "어떻게 진행시킬지"에 대한 제안에 가까웠다. 이야기 형식은 이런 방식으로 "삶이라는 천" 속으로 짜여 들어갔고, 그런 지혜로운 형식으로 수공업 사회에 뿌리를 내리고 발전해나갔다. 반면에 소설은 "다른 모든 형식의 산문과 다르다". 소설의 "원료"는 "고독한 개인," 곧 자기의 가장 큰 관심사를 본이 되는 방식으로 표현하지 못하는 개인, "남에게 조언을 들은 적도 없고 그 무엇에 대해서도 조언할 수 없는" 개인이다. 소설가는 등장인물들과 마찬가지로 "홀로"라는 곤경에 빠져 있고, 소설이라는 서사 형식은 "구술 전통에서 온 것도 아니고 구술 전통에 편입될 것도 아니다". 공동체의 기억이 있던 자리에 개인의 회고가 들어서고, 전통으로 변모하는 경험지(벤야민의 단상 「속담에 관하여」에 나오는 표현)가 있던 자리에 현대인의 당혹감이 들어선다. 우리가 소설에서 찾아야 하는 것은 "이야기의 교훈"이 아니라 "삶의 의미"다.

이 에세이에서 여기까지는 이미 다른 지면에서 소개했던 아이디어들을 요약하거나 자세하게 설명하는 부분이다. 하지만 다음 부분에서 의외의 논의가 나온다. 일단 벤야민은 이야기의 쇠락과 소설의 부상을 "몰락의 현현"으로, 심지어 몰락의 "현대적" 현현으로 간주하는 일은 "어리석은" 일일 것이라고 선언한다. 이 과정 전체는 몰락의 현현이라기보다는 "세속 사회의 역사 속에서 생산력들이 발전하면서 나타난 부수 현상"에 가깝다. 현대 사회가 도래하면서 전통적인 이야기에 들어 있는 종류의 지혜는 머물 곳이 없어졌다. 좀더 정확하게 말하자면, 쓰일 곳이 없어졌다. 소설은 바로 이 새로운 상황에 대한 반응인데, "소설 형식보다 훨씬 위협적인" 새로운 "의사소통" 형식, 곧 "정보 전달"이라는 형식이 출현함에 따라 소설이라는 이 고도로 현대적인 장르조차 설 자리를 잃을 위험에 처해 있다. 서사라는 의사소통 형식은 저널리즘에서 처음으로 구체적 형태를 얻은 정보 전달이라는 의사소통 형식에 떠밀려 기어를 바꾼다. 타고난 이야기꾼의 "간결함", 설명을 삼가는 태도는 어느새 자취를 감춘다. 산업사회의 시간은 점점 가속되는 조립 공정의 시간이다. 이야기가 그 속에서 있을 곳을 찾으려면 즉각 확인될 수 있고 쉽게 이해될 수 있는 형태로 바뀌어야 한다(이 문장에 '이야기' 대신 '데이터'를 넣는다면, 이 주장을 후기산업사회로 확장하는 것도 어렵지 않을 것이다).

이 대목을 성급하게 읽는다면, 많은 부분에서 1930년대 마르스크주의 담론의 교과서 같다는 느낌을 받을 수도 있다. 하지만 서사를 노동(수공업 노동 또는 공장 노동) 바로 옆에, 곧 사회적 삶의 중심에 놓는 벤야민의 논의는 노동과 서사를 각각 토대와 상부구조로 보는 정통 마르크스주의 담론과는 전혀 만나지 않는다. 서사는 노동에 비해 구체성이 부족한 것 같지만, 실은 노동 못지않게 사회의 존속에 필수적인 활동이다. 이런 아이디어들의 이단적인 독창성은 "서사에 속하는 형식들"의 변천사를 논의하는 대목에서도 잘 드러난다. 벤야민은 서사라는 의사소통 형식의 변화를 이해하려면 학파나 세대나 민족사를 고려하는 것보다는 "수천 년간 지표면이 겪어온 변화의 속도를 떠올려보는" 편이 나을 것이라고 한다. '이야기 – 소설 – 정보'라는 삼자 구도는 이런 아이디어들의 맥락에서 이해할 수 있다. 벤야민이 「이야기꾼」과 같은 시기에 집필한, 그 시기의 가장 야심 찬 이론 작업이었던 「기술복제시대의 예술작품」의 전반적 논지와 「이야기꾼」의 전반적 논지 사이에는 두드러진 유사점들이 있는데, 그 점 또한 같은 맥락에서 이해할 수 있다.

    벤야민 본인도 두 텍스트의 유사성을 대단히 강하게 의식하고 있었는데, 그 사실은 그가 파리에서 아도르노에게 보낸 1936년 6월 4일 편지에서도 엿볼 수 있다. "최근에 니콜라이 레스코프 연구로 글을 썼습니다. 예술이론 차원에서의 진전에 대한 부담을 다 내려놓고, '아우라의 붕괴'라는 아이디어와 이야기 기술이 소멸 중이라는 사실 간의 어떤 유사점들을 가리켜보이는 글입니다."

예술 형식들의 영역에서 일어나는 중대한 변화는 노동과 테크놀로지라는 심층 영역에서 일어나는 중대한 변화와 연관 지어 연구할 때 비로소 이해할 수 있다는 것이 「이야기꾼」과 「기술복제시대의 예술작품」의 공통된 주장이다. 이런 맥락에서 벤야민의 편지는 서사가 경험과 단절될 때 일어나는 일과 예술작품이 예술 재료와 단절될 때 일어나는 일 사이에 결코 간과할 수 없는 유사점들이 있다고 말하는 듯하다. 경험의 물성과 무관한 서사, 재료의 물성과 무관한 작품이 "이미지"가 되어 마치 화폐처럼 유통되기 시작했다는 것이다. 지금 되돌아보면, 엄청난 선견지명이다. 벤야민은 바로 우리 시대를 못마땅해하고 있다. 이야기의 운명은 우리 시대에 또 한번 뒤집혔지만, 그 전망은 어두울 뿐이다. 스토리텔링이니 내러티브니 하는 용어들은 업체 브랜딩의 어휘와 정치 프로파간다의 어휘에서 쟁점을 흐리는 핵심어가 되어왔고, 정보의 범람과 알고리즘의 확산으로 인해 이야기를 잃어버린 것이 우리

현대인의 삶이라는 깨달음에 도달하는 일은 더욱 요원해졌다.

「이야기꾼」은 벤야민의 비평가적 역량이 지진계처럼 예민하게 드러난 글이다. 이 글의 의의는 여기서 끝나지 않는다. 프루스트와 카프카와 보들레르와 19세기 파리를 다룬 에세이들에서와 마찬가지로(여기서도 중심 모티브는 경험지Erfahrung가 사라지고 체험성Erlebnis만 남는 현상이다), 이 글에서도 벤야민은 문학가로서 최고의 성취를 보여준다. 납작하거나 현학적인 데가 전혀 없는 그의 산문은 엄밀한 동시에 음악적이고 압축적인 동시에 환기력이 있다(독자는 테스 루이스의 뛰어난 절묘한 번역을 통해서 짐작할 수 있을 것이다). 또한 이 시기의 쓰인 벤야민 글은 비평 담론 속에 서사적 요소를 짜 넣는다는 점에서도 주목할 만하다. 그의 많은 에세이는 일화, 전형적 장면, 모종의 우화적 이야기를 담고 있다. 그런 작업이 어떻게 이루어지는지, 아울러 벤야민이 작가로서 어떤 방식으로 작업했는지와 관련해서 무엇을 보여주는지를 본 서론의 심층부로 삼을 수 있을 것이다.

「이야기꾼」 제7절에서 벤야민은 이야기가 설명되지 않

을 때 오히려 활짝 피어난다는 점을 보여주기 위해 헤로도토스의 『역사』에서 한 가지 일화를 찾아낸다. 페르시아 황제 캄비세스에게 패하고 영락한 "이집트 최후의 파라오" 프사메니투스는 딸이 노예로 붙잡혀 부림을 당하고 아들이 처형장으로 끌려가는 장면을 지켜보아야 하는 상황에 처한다. 하지만 프사메니투스는 울지 않는다. 그는 옛 하인들 중 하나를 보았을 때 비로소 자기 손으로 자기 이마를 치며 슬퍼한다. 왜? 벤야민에 따르면, 헤로도토스는 그 이유를 설명해주지 않는다. 시간이 흐르면 "무가치해지는" 뉴스 보도와는 달리 이 이야기가 그토록 오랜 세월 동안 "발아력"을 간직할 수 있었던 이유는 설명이 없다는 바로 그 지점에 있다.

문제는, 헤로도토스가 프사메니투스가 왜 그렇게 행동하는지를 설명해준다는 점이다(본서 뒷부분에 실린 『역사』 해당 대목 참고). 이것은 꽤 중요한 디테일이지만, 벤야민이 이 디테일을 잊고 있었을 가능성도 없지는 않다. 벤야민이 프사메니투스 이야기를 헤로도토스의 글로 접했는지는 확실치 않다. 벤야민이 읽은 글이 몽테뉴의 에세이 「슬픔에 대하여」였을 가능성도 있다. 에른스트 블로흐의 잡문집 『흔적들』(1930)에 실린 「침묵과 거울」을 읽은 것은 확실하다.* 장 폴랑의 「관객 수첩」을 『누벨 르뷔 프랑세즈』 1928년 11월호에서 보았을 가능성도 있다. 그 글에서 장 폴랑은 프사메니투스 이야기를 소개한 뒤, 자기 친구 르네-마르텡 겔리오가 이 이야기에 어떻게 반응했는지를 인용한다. "프사메니투스가 우리 시대에 살았다면 그가 자식들보다 하인들을 더 좋아한다는 기사가 나고 난리 났겠지."** 벤야민이 폴랑의 글을 본 것이 맞다면, 그가 프사메니투스 이야기를 애인 아샤 라치스와 친구 프란츠 헤셀에게 들려주었던 데에도 폴랑의 글이 영향을 미쳤을 것이다. 벤야민은 이 이야기에 대한 두 사람의 해석을 겔리오의 해석과 함께 우선 「이야기 기술」(1933)이라는 짧은 글에서 인용했고, 나중에 「이야기꾼」 제7절에서도 인용했다.***

이 작은 사례를 통해서 우리는 벤야민의 일하는 모습, 방대한 독서와 여행으로 얻는 온갖 경험에서 작은 조각들

* (엮은이주) 블로흐의 1935년 에세이 「거인들의 장난감: 영웅담」도 벤야민이 「이야기꾼」에서 길게 인용하는 글 중 하나다. 이 글도 본서에 실었다.

** (엮은이주) 폴랑의 1925년 저서 『속담의 경험』은 속담을 다루는 책으로, 벤야민의 속담 논의는 이 책을 중요한 출처로 삼고 있다.

*** (엮은이주) 이 내용은 「프사메니투스 자료」라는 제목으로 묶여 있는 날짜 미상 메모들에 기록되어 있고, 이 원고는 주어캄프 1차 벤야민 전집 IV, 2, 1011~1012쪽에 재수록되어 있다. 폴랑의 1928년 기사에 대한 내용이다.

을 주워 모아 한 땀 한 땀 기워가는 모습을 볼 수 있다. 자기 글에 잡다한 것들이 섞여 있고 이미 썼던 내용들의 짜깁기일 때도 있다는 사실을 숨기지 않기 위해 늘 조심하는 모습, "수천 년 전"에 짜이기 시작한 삶의 그물망이 "최근 들어 도처에서 사라지고 있다"는 사실에 고통스러울 정도로 민감한 모습이다. 그런 의미에서 벤야민이 쓰는 글은 그와 같은 시대를 살았던 마리 모니에가 바느질한 수예와도 어딘가 비슷한 것 같다.* 에세이스트 벤야민이 레스코프라는 독특한 이야기 장인의 후예로 느껴지는 것은 이렇게 시대를 거스르는 방식 때문이다.

새뮤얼 타이탄

---

* (엮은이주) 마리 모니에와 아방가르드 서점장 아드리엔 모니에는 자매 간이었다. 마리의 수예 전시회가 1924년에 뒤 드 오데옹에 위치한 아드리엔의 서점에서 개최되었는데, 이때 발레리가 카탈로그 글을 썼다. 벤야민은 1936년 에세이의 중요한 순간에 이 글의 한 대목을 인용한다.

이야기꾼
에세이

요한 페터 헤벨

 청취자 여러분은 신문을 읽다가 충격적이거나 위험천만한 소식, 가령 어디서 큰불이 났다든지 강도 살인을 당했다든지 하는 소식에 멈칫했던 적이 있겠지요. 그때 여러분이 그 장면을 좀더 생생하게 떠올려보려 했다면, 여러분은 정말 이상한 일을 하고 있었던 것입니다. 그때는 그것을 몰랐을 수 있겠지만 말입니다. 무슨 이야기냐 하면, 여러분은 그때 일종의 사진몽타주를 만들어냈을 겁니다. 사건은 골다프에서 또는 틸지트에서 일어났을 텐데, 여러분은 그런 도시들을 전혀 모릅니다. 그러니 그때 여러분은 자기의 눈앞에 떠오른 장면 속에 자기가 잘 아는 장면 속의 요소들을 슬쩍 흘러들어가게 하고 있었던 것입니다. 그런 요소들은 구체적인 장면에서 나온 요소들일 테고, 프랑크푸르트에서 나온 것은 아니라고 해도 프랑크푸르트에 있는 여러분의 집 아니면 여러분의 방에서 나온 요소들일 테니, 집 한 채 또는 방 한 칸이 틸지트 또는 골다프로 순간이동이라도 한 것 같았겠지요. 하지만 실은 정반대였습니다. 틸지트 아니면 골다프가 여러분의 방으로 이동한 것이었습니다. 그런데 여러분은 여기서 한 발 더 나아갔습니다. 그렇게 '여기'를 실현하고 나서, '지금'의 실현을 향하여 나아간 것이었습니다. 여러분이 9월 15일에 처음 읽은 그 뉴스는 어쩌면 9월 11일 사건의 뉴스였을지도 모릅니다. 하지만 사건을 온전히 이해하고자 했을 때, 여러분은 단순히 4일 전으로 자신을 되돌리는 것이 아니라 이렇게 생각했을 겁니다. "지금 이 순간, 바로 내 방에서 일어나고 있는 일이다." 이렇게 함으로서 우연히 접한 추상적이고 자극적인 사건에 '지금 여기'를 부여하게 된 것입니다. 구체적 사건으로 만든 것입니다. 구체적 사건이 여러분을 어디로 데려갈 수 있을 것인지는 예측할 수 없을 정도입니다.

하지만 이렇게 구체적인 '지금 여기'를 우연히 접한 자극적인 사건에 그치지 않고 뜻깊고 중대한 사건에까지 불어넣을 수 있다면, 그 결과는 더욱 엄청나겠지요. 그런데 '지금'이 역사적으로 의미심장한 '순간'이고 '여기'가 번창하는 풍요로운 '장소'라면, 그 결과는 얼마나 엄청날까요? 이런 모든 전제들이 가장 완벽하게 충족된 경우를 생각해보았을 때, 우리에게는 요한 페터 헤벨의 산문학이 있습니다. 자, 이제 헤벨이라는 위대한, 한 번도 제대로 인정받은 적이 없는 거장에 대해서 이야기하려고 합니다. 눈앞에서 벌어지고 있는 듯 생생한 이야기를 들려준다는 점에서 타의 추종을 불허하는 이 작가를 마치 우리 눈앞에 있는 사람인 듯 생생하게 그려보기 위해서입니다. 그가 생생하게 들려주는 이야기에 도둑들의 실화, 가정 드라마, 조난 후일담, 서부개척지 경험담만 있는 것은 아닙니다(물론 이런 이야기도 있긴 있지만요). 그의 이야기는 그의 지역과 그의 시대를 추동하는 가장 강한 힘들에 대한 이야기입니다. 표현을 바꾸면, 그 누구의 작품보다 간소하고 수수한 헤벨의 작품은 그가 살던 지역과 시대의 거대한 심연 위에 떠 있다고 할 수 있습니다. 수천 번의 안 보이는 작은 흔들림에 의지해서 그렇게 떠 있는 것입니다. (문헌학자들은 여전히 그의 작품을 아주 전형적인 "민중예술"로 보고 있습니다. 그들에게 민중예술은 실은 빈민문학을 뜻하거든요.) 그는 한편으로는 프랑스 대혁명의 동시대인으로서 그 시대의 가장 강경하고 급진적인 사상가들에게 사로잡혀 있었지만, 또 한편으로는 소극적 독신자이자 바덴 대공 직속 목사로서 일평생 바덴이라는 남독일 작은 도시에 머물면서 지극히 제한된 생활 여건 속에서 살아야 했을 뿐 아니라, 겸손한 자신의 위치를 받아들일 수밖에 없었습니다. 헤벨이 무거운 주제를 말하거나 생각할 때 늘 비유를 동원할 수밖에 없었던 것은 그의 이야기 강점 중 하나이며, 동시에 그의 삶에 존재했던 방황과 연약함을 뒷받침합니다. 실제로 『보물상자』라는 책력용 이야기들은 극한적인 제약 속에서 집필되었지요. 그가 그런 압력에 대해서 불만을 토로하는 일도 자주 있었고요. 하지만 그런 특징이 그가 균형 감각을 유지하는 데 방해가 되지는 않았습니다. 그가 중요한 것과 사소한 것을 표현할 때 양자가 서로 깊은 차원에서 복잡하게 얽혀 있는 모습으로밖에 표현하지 못했다고 해도, 그의 리얼리즘은 사소한 것을 중요시하는 신비주의로부터 그를 보호해주기에 충분히 강력했습니다. 아달베르트 슈티프터가 때로 그런 신비주의에 빠지곤 했지요.

그를 신비주의로부터 지켜준 것, 그것은 바로 그의 신학교육이었습니다. 그 점은 그의 전작에 드러나 있습니다. 그의 저작은 가장 깊은 차원에서 신앙심을 불러일으킵니다. 세계와 정신의 넓이 차원에서도 마찬가지고요. 중세 말 이후로 이런 장르에서 이런 예는 달리 없었다고 할 수 있을 정도로요. 어떻게 그럴 수 있었느냐고요? 헤벨에게 신앙심을 불러일으키는 원천이 무엇입니까? 계몽주의와 대혁명입니다. 계몽주의와 대혁명의 사상이 아니라 그 상황들과 인물형들입니다. 이를테면 세계시민, 계몽된 성직자, 부랑자, 박애가입니다. 이렇듯 신학적이고 세계시민적인 태도가 그의 작품 속에 가득 스며들어 있다는 것, 이것이 그의 창작활동의 핵심인 독보적 구체화 능력의 비밀입니다. 예컨대 그의 인물들에게 현재는 1760~1826년이 아닙니다(작가 본인의 생몰연도입니다). 그들의 삶에서 시간은 연도로 표시되지 않거든요. 신학은 역사를 생각할 때 늘 한두 세대의 역사를 생각하잖아요. 헤벨이 작품 속 보통 사람들의 능동적, 수동적 행동들에서 한두 세대의 모습을 보는 것은 바로 그 때문이에요. 그들이 1789년 혁명과 함께 터져 나온 그 모든 위기에 어떻게 대처하는가를 보는 것이지요. 「뜻밖의 재회」에서는 한 세대 전체의 삶과 죽음이 50년을 흐르는 문장들의 리듬을 만들어냅니다. 예비 신부에게는 불의의 사고로 죽은 광부를 애도하면서 흘러가게 하는 시간입니다.

"그동안 포르투갈에서는 리스본시가 지진으로 초토화되었고, 7년전쟁이 지나갔고, 황제 프란츠 1세는 죽었고, 예수회는 해산당했고, 폴란드는 분할당했고, 황후 마리아 테레지아도 죽었고, 슈트루엔제는 처형당했고, 미국은 해방되었지만, 프랑스와 스페인 연합군은 지브롤터를 차지하지 못했다. 터키군은 슈타인 장군을 헝가리의 베테라니 동굴에 가뒀고, 요제프 황제도 마찬가지로 죽었다. 스웨덴의 구스타브 왕은 러시아령 핀란드를 차지했고, 프랑스 혁명과 장기전이 시작되었고, 황제 레오폴드 2세도 마찬가지로 무덤으로 들어갔다. 나폴레옹은 프러시아를 차지했고, 영국군은 코펜하겐을 폭격했고, 농부들은 심고 거두었다. 방앗간에서는 곡식을 빻았고, 대장장이들은 쇠를 두드렸고, 광부들은 지하 탄광에서 갱도를 파나갔다. 하지만 1809년 팔룬에서 광부들은……"

애도기간 50년의 경과를 헤벨은 이렇게 묘사하고 있습니다. 거의 만가輓歌에 가깝습니다. 중세 연감 편찬자들이 책머리에 만가를 붙이는 경우가 있었는데, 이런 문장들은 바로 그런 의미에서 세상만사에 대한 만가입니다. 왜 그런가 하면, 이런 문장들에서 튀어나오는 것은 역사가의 태도가 아니라 연감 편찬자의 태도이기 때문입니다. 역사가는 "세계사"를 다루는 반면에 연감 편찬자는 세상만사를 다룹니다. 역사가는 원인과 결과의 무한한 얽힘으로 이루어진 사건들의 그물망에 관심이 있지만, 그가 배우거나 알아낸 것들을 모두 합친다 해도 그 그물망의 작은 매듭 하나에 불과합니다. 한편 연감 편찬자는 자기가 사는 도시나 지역이라는 좁은 반경 안에서 일어나는 작은 사건들에 관심이 있지만, 그에게 그 작은 사건은 큰 전체를 구성하는 작은 요소들 중 하나에 불과한 것이 아니라 큰 전체보다 오히려 더 중요한 무언가입니다. 진정한 연감 편찬자는 연감을 써내면서 세상만사의 우화를 함께 써내기 때문입니다. 연감 편찬자가 써내는 현지 역사와 세상만사에는 소우주와 대우주의 오랜 어울림이 반영되어 있습니다.

헤벨의 이야기 한 편은 이렇게 시작됩니다. "다들 알다시피 일전에 바셀른하임의 한 늙은 촌장은 자신의 프랑스어 실력 때문에 목숨을 잃을 뻔했다고 아내에게 호소했다." 세상만사와 도시 소문의 조응관계 전체가 이 "다들 알다시피"라는 표현 안에 아이러니하게 들어 있습니다. 바덴이라는 헤벨의 생활무대의 좁은 반경도 아이러니하다는 점과 편협한 자기만족과 거리가 멀다는 점에서는 마찬가지입니다. 헤벨 세계의 반경을 보면, 그 중심에 세그링엔, 브라센하임, 투틀링엔이 있고, 그 지평선에 해당하는 곳이 모스크바, 암스테르담, 예루살렘, 밀라노입니다. 진짜 민중예술, 자생적 민중예술이란 본래 그러합니다. 그것은 이국적인 것을 말할 때나 기괴한 것을 말할 때나 집안 살림에 대해 이야기할 때 똑같은 애정을 가지고 똑같은 말투로 이야기합니다. 헤벨의 작중무대들이 강력한 "여기"인 것은 그 때문입니다. 성직자이자 박애가 헤벨의 담백하게 응시하는 눈은 우주 그 자체를 시골경제의 맥락에서 바라봅니다. 행성들, 위성들, 혜성들을 다룰 때도 학자로서가 아니라 연감 편찬자로서 다루고요. 예를 들어 달에 대해서는 이런 이야기도 있거든요(달이 샤갈의 그 유명한 그림에서처럼 갑자기 풍경의 한 부분인 듯 눈앞에 나타나네요). "달에서 하루는 우리 시간으로 약 2주 정도이고 밤 또한 그만큼 길기 때문에 야경꾼은 시간을 알리는 종이 223번 치는지 309번 치는지 헷갈리지 않게 조심해야 한다."

이런 문장들을 읽고 나면 이 남자의 최애 작가가 장 파울이었다는 것도 그리 의아하지 않습니다. 괴테의 표현을 빌리면 이런 남자들은 부드러운 경험주의자들인데, 왜냐하면 이들에게는 모든 잠재적 사실이 이미 이론이었고, 특히 일화로, 범죄로, 익살로, 장소로 확정된 사실은 이미 그 자체로 도덕 명제였기 때문에, 극히 비약적인 괴상한 방식으로, 어디서 기인하는지 알 수 없는 방식으로 현실 전반과 연결되어 있었다는 것은 두말할 필요도 없습니다. 『레바나: 교육론』에서 장 파울은 아기들에게 브랜디를 추천하고, 아기들의 맥주 마실 권리를 요구합니다. 논란의 여지는 훨씬 덜하지만, 헤벨 역시 책력용 이야기들 속에 범법 행위, 사기 행각, 나쁜 장난 등을 집어넣습니다. 하지만 그가 묘사하는 악당들과 룸펜들은 볼테르, 콩도르세, 디드로를 연상시키고, 그가 묘사하는 유대인들은 차마 입에 담지 못할 지저분한 영리함 면에서 탈무드 쪽보다는 모제스 헤스(사회주의자들의 후기 선구자) 정신 쪽에 가깝습니다. 헤벨이 악당 이야기 여러 편을 옛 우물에서 길어내기는 했지만, 불쏘시개 프리더와 하이너와 빨강머리 디터의 사기꾼 기질과 방랑사 기질은 헤벨 본인의 것이었습니다. 헤벨은 어렸을 때 장난꾸러기로 악명이 높았고, 장성한 헤벨에 대해서는 이런 이야기가 있습니다. 언젠가 프란츠 요제프 갈(유명한 골상학 창시자)이 바덴에 왔을 때, 누가 그에게 헤벨을 소개해주면서 헤벨의 골상을 감정해달라고 부탁했습니다. 하지만 갈은 감정하는 내내 불분명한 중얼거림 사이에서 "굉장히 강하게 발달된"이라는 한마디를 흘렸을 뿐. 그때 헤벨이 갈에게 묻습니다. "악당 성향?"

헤벨의 이런 익살꾼들에게 마성이 얼마나 강하게 서려 있는지를 누구보다 잘 이해한 사람은 1842년에 『보물상자의 웃긴 이야기들』이라는 간행물에서 석판화 일러스트를 담당한 요제프 야코프 담바허였습니다. 그의 대단히 과격한 일러스트들은 헤벨의 비교적 화사한 악당들과 뷔히너의 『보체크』에 등장하는 비교적 음침한 비호감 소시민들이 불법도박이나 불법거래 중에 주고받는 암호들이라고 할 수 있습니다. 거래를 어떻게 묘사해야 하는지를 독일어권 작가들 가운데 그 누구보다 잘 이해하고 있던 작가이자 가장 천한 독직행위부터 고결한 아량까지 모든 수위의 거래를 묘사할 줄 아는 작가였던 헤벨 목사는 시민사회의 직업생활에 깃들어 있는 마성을 간과할 사람이 아니었던 것입니다. 그는 지배계급의 가장 훌륭한 대변자들, 곧 상업적으로 가장 건실한 기반을 다진 소시민계급과 연결돼 있었을 것입니다. 그가 그들에게 올바른 부기법, 구원에 이르는 유일한 방법으로서의 부기법을 가르치고자 한 것은 그 때문이었습니다. 장부는 복식부기고 늘 정확합니다. 수입금액에는 농촌과 도시의 일상이 있고, 시간당 이자가 붙는 재산이 있고, 노동과 지략으로 얻는 자본이 있습니다. 지출금액에는 도리가 있는데, 도리에는 거래의 도리, 소유의 도리, 장군과 가장의 도리, 도둑질한 사람의 도리와 도둑질당한 사람의 도리, 승자의 도리와 패자의 도리가 있습니다. 상황이 아무리 암담하고 낭패스럽다고 해도 미덕은 주어진 상황에 기꺼이 자리를 잡습니다. 하지만 미덕은 변장하는 데에 주저해서는 안 됩니다. 인습적 윤리가 기대되는 자리에서 윤리의 모습을 결코 찾을 수 없는 것은 그 때문입니다. 다들 알다시피 세그링엔의 이발소 견습생은 "낯선 군인"의 수염을 깎을 용기를 냅니다. 나머지 사람들 중 그 누구에게도 그럴 용기가 없으니까요. "내 얼굴에 상처 하나라도 나면 너희 다 내 칼에 죽는다." 이야기는 견습생의 대답으로 끝납니다. "내가 손님 칼에 죽는 일은 없었을 길. 손님이 갑자기 움직였다면, 그래서 내가 손님 얼굴에 상처를 냈다면, 내가 선수를 쳤겠지. 내가 먼저 손님 목을 따고 곧장 튀었겠지." 헤벨의 이야기들은 이런 식입니다. 모든 이야기에 이중의 바닥, 즉 두 겹의 층이 있습니다. 위에는 유혈과 살인, 약탈과 저주가 있는데, 밑에는 인내와 기지와 인애가 있습니다.

이렇게 헤벨은 보통 수준의 옛이야기 작가들에게는 이물질인 윤리성을 서사문학의 연장으로 만드는 또 하나의 방법을 선보였습니다. 그의 구체화 능력이 가장 막강해지는 때는 그가 에토스를 배려라는 가벼운 문제로 바꾸는 바로 그때입니다. 그에게 윤리의 '지금 여기'는 추상적 규범 추종 행위가 아니라 정신 차리기입니다. (헤벨이라면 이렇게 정의했을 텐데) 행위의 규범을 드러내지 않는 행위, 그런 행위가 윤리적입니다. 행위의 규범은 장물처럼 감추어져 있는 것이 아니라 금맥처럼 묻혀 있습니다. 그러니 그의 윤리성은 이러저러한 상황과 결부되어 있고, 그 상황에서 사람들은 윤리성을 보게 됩니다. 아울러 그의 윤리성은 결코 추상화될 수 없는 경건함과 비슷하며, 경건한 삶은 이 경건함에 봉사하는 여러 상황들로 세분되어 있습니다. 바이에른 지역이나 이탈리아 남부 지역의 예배당에 걸려 있는 종교화는 그런 결정적인 상황들로 가득합니다.

신자들의 마음속에 너무나 선명히 새겨진 그림들. 하단에는 현세의 비참함과 위태로움이 있고, 상단에는 구름 왕좌 위의 성모 마리아가 있습니다. 헤벨의 그림도 마찬가지입니다. 하단을 보면 일상적인, 특별하지 않은 일들, 명백하고 사실적인 일들이 일어납니다. 하지만 상단을 보면 프랑스 혁명의 신이 마치 성모 마리아처럼 천장에서 초자연적으로 날고 있습니다. 헤벨의 이야기들이 그토록 영원한 것은 그 때문입니다. 헤벨의 이야기들은 계몽주의가 이성의 여신에게 봉헌한 종교화들입니다.

1929

소설의 위기:
되블린의 『베를린 알렉산더 광장』에 관하여

대서사Epos에서 삶은 바다와 같다. 바다만큼 대서사를 닮은 것도 없다. 바다에서 할 수 있는 일은 물론 매우 다양하다. 해변에 누울 수도 있고 파도가 부서지는 소리에 귀를 기울일 수도 있고 파도에 실려 온 조개를 주울 수도 있다. 그것이 대서사가Epiker의 일이다. 바다로 나갈 수도 있다. 이런 목적 저런 목적으로 나갈 수도 있고, 아무 목적 없이 나갈 수도 있다. 육지를 완전히 벗어나 망망대해에서 떠돌 수도 있다. 그것이 소설가Romancier의 일이다. 소설가는 참으로 고독한 사람, 아무 말도 하지 않는 사람이다. 대서사가는 그저 여유로운 사람이다. 대서사에서 사람들은 하루 일과를 마친 뒤 편히 쉬면서 귀를 기울이고 꿈을 꾸고 기억에 남긴다. 반면에 소설가는 사람들로부터, 사람들의 일과로부터 동떨어져 홀로 있다. 소설Roman의 산실은 고독한 개인, 곧 자기의 가장 큰 관심사를 본이 되는 방식으로 표현하지 못하게 된 개인, 남에게 조언을 들은 적도 없고 그 무엇에 대해서도 조언할 수 없는 개인이다. 소설을 쓴다는 것은 인간의 삶을 묘사할 때 타인과 공유할 수 없는 차원을 극단까지 밀어붙인다는 뜻이다. 소설과 엄밀한 의미의 대서사가 어떻게 다른지는 호메로스의 작품이나 단테의 작품만 생각해보아도 알 수 있다. 입말로 전수할 수 있는 것들, 곧 대서사가 자산으로 삼는 것들은 소설이 자산으로 삼는 것들과는 질적으로 다르다. 소설은 구술 전통에서 온 것도 아니고 구술 전통에 편입될 것도 아니라는 점에서 다른 산문 형식들(동화, 영웅담, 속담, 우스개)과 구분된다. 무엇보다도 소설은 이야기(대서사의 본질을 가장 순수한 형태로 구현하는 산문)와 구분된다. 그렇다, 내면적 자아가 이렇게 심하게 침묵하게 된 가장 큰 원인, 이야기의 정신이 이렇게 근본적으로 질식당하게 된 가장 큰 원인은 우리의 삶 전반에서 소설 읽기의 영역이 터무니없이 확장된 데 있다. 그래서 우리는 소설가와 대립하는 누군가의 목소리를 듣는다. 타고난 이야기꾼의 목소리를 말이다. "이렇게 말하고 싶지는 않지만, 대서사 작품은 책으로부터 해방되는 편이 유익하리는 것, 그러는 편이 무엇보다도 언어를 위해서도 유익하리라는 것이 나의 의견이다. 책은 실제적 언어의 죽음이다. 글쓰기에 전념하는 대서사가는 조형력이라는 언어의 가장 중요한 힘을 놓치고 있다." 귀스타브 플로베르는 결코 이런 식으로 말하지 않았을 것이다. 소설의 위기 테제는 알프레드 되블린의 것이다. 그는 이 테제를 포함하는 매우 광범위한 보고서를 '프로이센 예술 아카데미 시문학 분과' 연간지 창간호에 게재했다. 「대서사 작품의 구조」라는 제목의 이 보고서는 노련미와 증명력을 함께 갖춘 논문으로, 소설의 위기가 대서사 장르의 복귀와 함께 시작되었다는 점과 소설의 위기가 도처에서, 심지어 연극에서도 나타난다는 점을 논증하고 있다. 소설의 위기, 급진적 대서사 장르의 세력화라는 되블린의 테제에 깊이 천착하는 독자는 더 이상 이런 위기의 외적 징후들 앞에서 시간을 낭비할 필요가 없다. 그런 독자에게는 전기 소설, 역사 소설이 해일처럼 밀려온다는 것이 전혀 놀랍지 않다. 이렇듯 이론가 되블린은 소설의 위기에 체념하기는커녕 그 도래를 예견하고 스스로 그 원인이 되기를 자처한다. 그의 최근작

『베를린 알렉산더 광장』은 그의 창작활동에서 이론과 실천이 일치한다는 것을 보여주고 있다.

여기서 최대한 유익한 논의를 이어나가려면, 되블린이 보여주는 이런 입장을 최근『위폐범들의 일기』에서 앙드레 지드가 보여준 (마찬가지로 대가답고, 마찬가지로 작품에서 과감하게 실현되어 있고, 마찬가지로 치밀한, 하지만 모든 논점에서 대립하는) 입장과 비교해보아야 한다. 오늘날 대서사의 상황이 이 두 평론가 지식인 사이의 대립 안에서 가장 첨예하게 드러난다. 지드는 자신의 최근 소설『위폐범들』에 대한 자전적 논평인 이『위폐범들의 일기』에서 '순수소설'에 관한 강론을 펼친다. 여기서 그는 소박한 이야기, 순차적으로 이어지는 이야기들(대서사의 일등급 걸작들)을 전부 밀어내고 독창적인, 전적으로 소설적인 작법을 내세우기 위해 최대한 정교한 계획을 세웠다(여기서 소설적이라는 말에는 낭만주의적이라는 뜻도 있다).* 지드에 따르면, 인물이 사건을 대하는 태도, 작가가 인물과 사건을 대하는 태도, 작가가 작가 자신의 작법을 대하는 태도, 이런 모든 태도들이 소설 그 자체의 구성요소가 되어야

---

* 소설Roman(소설적romanhaft)의 어원은 낭만주의Romantik(낭만주의적romantisch)의 어원과 같다.

한다. 요컨대 이런 '순수소설'은 그야말로 순수한 내면성이기 때문에, 다시 말해, 그 어떤 바깥도 모르기 때문에, 이야기라는 순수한 대서사적 태도와는 극과 극이다. 지드에게 소설의 이상은 순수한 문자소설이다(이로써 지드와 되블린은 전적으로 대립한다). 지드는 플로베르의 입장을 (아마도 최후의 자리에서) 철저하게 견지하고 있다. 그러니 지드의 강론 앞에서 떠올릴 수 있는 가장 날카로운 반론이 되블린의 논문에 나온다 해서 그리 놀랄 것은 없다. "내가 대서사 작업을 하는 작가들에게 단호하게 시처럼 쓰라고, 극처럼 쓰라고, 나아가 성찰하면서 쓰라고 조언한다면 여러분은 손사래를 치겠지만, 그런다고 해서 내가 이 조언을 철회하지는 않을 것이다."

되블린이 이 조언을 얼마나 대담하게 실천하고 있는가를 신작 『베를린 알렉산더 광장』을 읽는 많은 독자의 당황이 엿보게 해준다. 이야기를 이런 방식으로 전하는 경우가 거의 없었다는 것은 사실이고, 사건의 파도와 성찰의 파도가 독자의 안온을 이토록 강하게 뒤흔든 경우가 거의 없었다는 것도 사실이고, 실제로 통용되는 구어의 물보라가 독자를 이렇게까지 흠뻑 적셨던 경우가 거의 없었다는 것도 사실이다. 그렇다고 해서 거기에 전문

용어를 동원하다니, '내면의 대화dialogue intérieur'를 논하다니, 조이스를 언급하다니, 그럴 필요는 없었을 텐데. 그러나 이 책의 실상은 완전히 다른 것이다. 이 책의 스타일 원리는 몽타주다. 소시민적 인쇄물들, 추문들, 참사들, 1928년 당시의 화제들, 대중가요들, 신문광고들이 이 책에서 폭설처럼 쏟아지고 있다. 몽타주는 '소설'을 파괴한다. 구조뿐 아니라 문체를 해체함으로써 새로운, 지극히 대서사적인 가능성, 무엇보다 형식적 가능성을 연다. 하지만 마음 내키는 대로 고른 것들이 몽타주 자료가 될 수 있느냐 하면 전혀 그렇지 않다. 제대로 된 몽타주는 자료의 증명력에 의지한다. 다다이즘은 예술작품과의 격렬한 전투에서 몽타주를 통해 일상의 삶을 동맹군으로 삼을 수 있었다. 다다이즘은 비록 불안하게나마 처음으로 진짜das Authentische의 독재를 선언했다. 전성기 영화는 우리를 몽타주에 익숙해지도록 길들이려는 듯했다. 여기서 그 독재가 처음으로 대서사에 유용하게 된다. 성경 구절, 통계 수치, 유행가 가사는 되블린이 대서사적 줄거리에 권위를 부여하기 위해 동원하는 자료들이다. 옛날 대서사의 상투적 표현에 해당하는 것이 이런 자료들이다.

이렇듯 장면의 밀도가 높다 보니 저자의 생각이 끼어

들기가 어려워진다. 그가 자기 생각을 끼워 넣은 곳은 일단 모리타트*풍風의 장 제목들뿐이었다. 자기 생각을 이해받는 것이 그에게는 급한 일이 아니었다. (하지만 나중에는 그도 자기 생각을 털어놓는다.) 그가 작중인물들을 얼마나 오래 추적하는지, 그가 그들에게 그간의 행적을 해명해보라고 하기까지 얼마나 오래 걸리는지 놀라울 뿐이다. 대서사가는 사태에 다가갈 때 조심스러워야 하니, 그도 그렇게 조심스러운 것이다. 아무리 갑자기 일어난 사건도 오래전부터 준비되었던 것 같다. 베를린 방언의 정신 그 자체가 그의 태도에 깃들어 있다. 베를린 방언은 느긋한 속도로 진행된다. 베를린 사람이 무언가에 대해 말할 때는 그것의 전문가가 그것에 대한 애정을 가지고 말하는 것 같다. 그는 결코 대충 말하지 않는다. 누군가를 욕하거나 비웃거나 위협하는 말을 할 때에도 마치 아침식사를 즐기듯 시간 여유를 갖고 한다. 아돌프 글라스브레너가 극에서 베를린 방언을 강조했다면, 되블린은 베를린 방언의 대서사적 깊이를 가늠해본다. 프란츠 비버코

---

* 대중가요 중 살인사건을 소재로 삼는 장르를 뜻한다. 벤야민의 친구였던 베르톨트 브레히트의 1928년 음악극 『서푼짜리 오페라*Die Dreigroschenoper*』에는 「칼잡이 맥의 모리타트Die Moritat von Mackie Messer」라는 곡이 포함되어 있다.

프의 삶이라는 작은 배에는 무거운 짐이 실려 있지만, 암초에 걸려야 할 이유는 어디에도 없다. 이 책은 베를린 방언에 바치는 기념비다.『베를린 알렉산더 광장』이 베를린 방언의 기념비일 수 있는 것은 화자가 도시의 지역적 매력을 내세워 독자의 호감을 사려는 데 전혀 관심이 없기 때문이다. 그는 베를린 사람으로서 말한다. 베를린은 그의 메가폰이다. 베를린 방언은 그가 낡은 소설의 폐쇄성을 공격할 때 사용하는 무기 중 하나다. 이 책은 활짝 열려 있는 책, 베를린 사람들에게까지 교훈을 주는 책이다. (루트비히 티크(1773~1853)의『아브라함 토넬리』는 벌써 오래전에 베를린 사람들의 주둥이를 풀어주었지만, 그것을 치료할 용기를 낸 사람은 그때껏 아무도 없었다.)

 프란츠 비버코프가 어떻게 치료되는지를 따라가는 것도 유익하다. 그는 어떤 일들을 겪는가? 하지만 먼저 이렇게 묻자. 이 책의 제목은 왜『베를린 알렉산더 광장』인가? '프란츠 비버코프에게 생긴 일'은 왜 이 책의 부제일 뿐인가? 베를린에서 '알렉산더 광장'은 어떤 장소인가? 2년 전부터 가장 폭력적인 변화가 일어나고 있는 장소. 굴착기와 항타기가 작동 중인 장소. 그렇게 공사로 인해서, 그리고 버스와 전철의 끝없는 행렬로 인해서 땅이 흔들리는 장소. 파헤쳐진 데는 다른 어느 장소보다 깊게 파헤쳐져 있고(대도시의 창자, '게오르게 교회 광장'의 뒤뜰), 1890년대의 미로는 다른 어느 장소의 미로보다 옛 모습을 고스란히 간직하고 있다(마르질리우스 거리의 외국인 담당 경찰관들은 지금도 어느 닭장 같은 임대아파트 단지에 살고 있고, 카이저 거리의 창녀들은 지금도 저녁에 옛날 그대로의 걸음걸이로 걸어 다니고 있다). 공장지대는 아니지만 상점이 가장 많으니, 소시민층의 장소다. 소시민층의 사회학적 음화陰畫인 사기꾼들의 장소이기도 하다(그들은 실업자들에게서 원군을 얻는다). 그들 중 한 명이 비버코프다. 실업자로 테겔 교도소에서 출소한 뒤 한동안 단정한 생활을 하면서 한두 차례 길모퉁이에서 가게를 열지만, 그것도 그만두고 펨파派 조직원이 된다. 생활 반경은 알렉산더 광장에서 1천 미터를 넘지 않는다. 그의 삶을 지배하는 것이 알렉산더 광장이다. 무자비한 통치자, 절대 권력자라고 할 수 있다. 독자는 이 장소 밖에 있는 다른 모든 것을 잊고, 이 좁은 공간에서의 생활을 경험하게 되며, 자기가 지금껏 이 장소에 대해 얼마나 몰랐었는지를 알게 된다. 이 책의 내용은 독자가 마호가니 책장에서 이 책을 꺼냈을 때 상상했던 것과는 전혀 다르다. '사회소설'

의 맛을 담은 책과는 거리가 멀다. 이 책에는 노숙자가 없다. 다들 방 한 칸은 있다. 셋방을 찾는 장면도 없다. 알렉산더 광장 생활권에서는 초하루[방세 내는 날]의 공포마저 사라진 듯하다. 물론 이곳 사람들은 이미 가난하다. 자기 방을 가지고 있지만 가난하다. 이런 가난은 어떤 가난인가? 어떻게 이런 방식으로 가난해지는가?

여기 두 맥락이 있다. 하나는 크고, 다른 하나는 다소 제한적이다. 큰 맥락에서의 가난. 이런 가난은 어린 모리츠가 상상하는 가난과는 전혀 다르다. 적어도 실제로 닥치는 가난은 공포의 대상으로서의 가난과는 전혀 다르다. 누울 자리를 보고 다리를 뻗어야 한다는 것, 다리를 뻗으려면 누울 자리를 보아야 한다는 것, 이것은 사람들에게만 필요한 조언이 아니라 가난에게도 필요한 조언이다. 사랑과 술이 가난을 위해 일하고 있지만, 때로 다루기 어려워진다. 게다가 아무리 고약한 녀석이 다가오더라도 한동안이라면 견뎌볼 만하다. 이 책에서 숨김없이 드러나는 것이 바로 가난의 사교적인 측면이다. 가난이 다가와 사람들과 합석해도 대화는 끊기지 않는다. 차려진 대화를 각자 자기 자리에서 맛있게 먹는다. 이는 가난을 이상화하는 새로운 자연주의Hintertreppennaturalismus가 전혀 알고 싶어 하지 않는 진실이다. 이 진실을 다시 한번 제대로 이야기하기 위해서 위대한 이야기꾼이 새로 나타나야 했다. 가난을 증오한 것으로 유명한 레닌이 가난보다 더 증오한 것이 가난과의 결탁이었다고 한다. 가난과 결탁하는 것은 부르주아들의 일이고, 여기에는 허접한 소小부르주아적인 방식들만 있는 것이 아니라 초연한 대大부르주아적인 방식들도 있다. 되블린이 들려주는 이야기가 부르주아들의 이야기라는 것은 그런 의미에서일 뿐, 부르주아적 경향과 의도, 곧 부르주아적 계보를 가지고 있다는 의미에서가 아니다. 찰스 디킨스의 엄청난 마력이 되블린의 이야기에서 (매혹적인 모습으로, 전혀 줄어들지 않는 효과와 함께) 새로 나타난다. 디킨스의 이야기에서는 부르주아들과 범죄자들 양쪽의 이해관계는 (물론 서로 대립적이지만) 같은 세계의 것이니, 양쪽은 매우 근사하게 호흡을 맞춘다. 되블린의 이야기에도 사기꾼들의 세계와 부르주아들의 세계는 질적으로 동일하다. 포주의 자리에서 소시민의 자리로 가는 프란츠 비버코프의 길은 부르주아 의식의 한 영웅적 변주에 불과하다.

'순수소설'의 이론에 한 가지 대답을 시도해보자면, 소설은 바다와 같다. 소설에서 순수한 것은 소금밖에 없다.

그렇다면 『베를린 알렉산더 광장』의 소금은 무엇일까? 대서사의 소금이든 진짜 소금이든 하는 일은 같다. 소금에는 보존력이 있다. 보존도가 대서사 장르의 척도가 되면, 그 외 문학 장르들의 척도일 때와는 그 의미가 달라진다. 어떤 대서사의 보존도가 높다는 말은 오래 남을 수 있다는 의미가 아니라 독자의 기억에 남을 수 있다는 의미다. 진실한 독자가 대서사를 읽는 이유는 "기억에 남기기 위해서"다. 『베를린 알렉산더 광장』에서 그의 기억에 확실히 남는 것은 팔에 얽힌 이야기와 미체Mieze 이야기다. 프란츠 비버코프는 어쩌다 차에 치여 팔을 잃게 되는가? 왜 비버코프의 애인은 납치되어 살해되는가? 왜 비버코프에게 그런 일이 닥치는가? 답은 2페이지에 이미 나와 있다. "그가 삶에게 버터 바른 빵보다 더한 것을 요구하기 때문이다." 진수성찬이나 돈이나 여자가 아니다. 그가 요구하는 것은 훨씬 더한 것들이다. 그의 큰 주둥이가 욕망하는 것은 실체가 없는 것들이다. 운명을 탐하는 허기가 그를 잡아먹고 있다는 것이 맞는 표현이다. 이 남자는 갓 칠해진 회벽 위에 새로운 모습의 악마를 그려 넣지 않으면* 직성

---

* '벽에 악마를 그린다'는 말에는 '화를 자초한다'는 뜻이 있다.

이 풀리지 않으니, 악마가 계속 새로운 모습으로 나타나서 그를 잡아가려고 하는 것도 그리 놀라운 일은 아니다. 운명을 탐하는 허기는 어떻게 충족되는가, 운명을 탐하던 사람이 어떻게 버터 바른 빵에 만족하는 사람이 되는가, 사기꾼이 어떻게 현자가 되는가, 이것이 이 책의 주요 줄거리다. 결국 프란츠 비버코프는 운명과 거리가 먼 사람, 베를린 사람들의 표현대로 '눈치 빠른' 사람이 된다. 되블린의 탁월한 기교는 이렇게 프란츠가 성숙한 남자가 되기까지의 과정을 독자의 마음에 새겼다. 유대인들이 성인식에서 아이에게 두 번째 이름을 알려주듯(그때까지 아이는 자기의 두 번째 이름을 모르고 있다), 되블린은 비버코프에게 두 번째 세례명을 지어준다. 그의 이름은 이제 프란츠 카를이다. 그렇게 프란츠 카를은 한 공장에서 수위의 조수가 되는데, 그때부터 그에게 아주 이상한 일이 생긴다. 되블린이 자신의 주인공을 철저하게 감시하고 있기는 하지만, 우리는 그가 그것을 당연히 알아차렸을 거라고 장담하고 싶지 않다. 여기서 프란츠 비버코프는 전형성을 포기하고 멀쩡히 살아 있는 채로 소설 속 인물들의 천국으로 승천했기 때문이다. 작은 경비실의 모습을 한 그 천국에서 희망과 회고가 그의 실패들을 위로할 것이다. 하지만 이제 우리의 시선은 그를 뒤쫓지 않는다. 주인공이 스스로를 구원하는 순간, 그의 삶은 우리에게 더는 아무런 도움이 되지 않는다. 그것이 소설 형식의 법칙이기 때문이다. 플로베르의 『감정교육』에서 이 진실이 가장 훌륭하게 그리고 가장 엄격하게 드러나 있다면, 이 프란츠 비버코프 이야기는 사기꾼의 『감정교육』이다. 옛 부르주아 교양소설의 가장 극단적이고 아찔하며 최종적이며 가장 진보된 단계다.

1930

산딸기 오믈렛

　무화과 아니면 팔레르노산 포도주, 보르시* 아니면 카프리 농가의 새참을 맛보고 싶어 할 분들이 있을지 모르니, 이제부터 옛날이야기를 하나 들려드리겠습니다. 옛날 옛적에 한 왕이 살았는데, 이 왕은 세상 모든 권세와 재물을 가졌지만 만족스럽기는커녕 해마다 점점 더 우울해지기만 했습니다. 어느 날 왕이 전속 요리사를 불러 이렇게 말했습니다. "너는 오랫동안 내게 충성을 다했고, 내 식탁을 최고의 요리로 차렸다. 나는 너에게 호의를 가지고 있다. 하지만 지금은 너의 솜씨를 마지막으로 시험해

---
* 러시아, 우크라이나를 비롯한 동유럽 지역에서 먹는 국 또는 수프로, 러시아의 국민 음식이다.

보고 싶다. 산딸기 오믈렛을 내가 50년 전에 새파란 청년이었을 때 맛보았던 것과 똑같이 만들어와라. 당시 내 아버지는 동쪽의 나쁜 이웃나라와 전쟁을 치르고 있었다. 그 나라가 이겼고 우리는 도망쳐야 했다. 아버지와 나는 그렇게 밤낮으로 도망쳤고, 그러다가 어느 어두운 숲속으로 숨어들어갔다. 그 안에서 길을 잃고 헤매면서 허기와 피로로 거의 죽을 지경이었을 때 한 오두막집이 보였다. 그 집에는 작은 노부인이 살고 있었는데, 우리를 불러 친절하게 쉬라고 하더니 화덕 앞에 가서 뭔가 뚝딱 만들었다. 그렇게 산딸기 오믈렛이 우리 앞에 나타났다. 그 요리의 첫 한 입을 맛본 순간 나는 신기하게 위안을 얻었고, 내 가슴에 새로운 희망이 생겨났다. 그때 나는 미성숙한 아이였고, 오랫동안 그 귀한 요리의 고마움에 대해 깊이 생각해본 적이 없었다. 세월이 흐른 뒤 나는 그 노부인을 찾아내라고 내 왕국 전역에 명을 내렸지만, 노부인을 찾지 못한 것은 물론이고 산딸기 오믈렛을 만들 줄 아는 사람 하나 찾을 수 없었다. 내 이 마지막 소원을 만약 네가 이루어준다면, 나는 너를 당장 내 사위이자 내 왕국의 후계자로 삼을 것이다. 그러나 네가 만약 나를 만족시키지 못한다면, 너는 죽음을 면치 못할 것이다." 그러자 요리사는 이렇게 말했습니다. "그러지 마시고 지금 당장 형리를 부르십시오. 물론 저는 산딸기 오믈렛 요리의 비법을 잘 알고 있습니다. 흔한 큰다닥냉이에서 귀한 백리향에 이르기까지 모든 양념과 심지어 재료를 저을 때 읊어야 하는 주문도 알고, 회양목 젓개로 저을 때는 늘 오른쪽으로 저어야 한다는 것, 그것이 다른 무엇보다 우리의 수고를 헛되이 하지 않는 방법이라는 것까지 알지만, 그런 저라 해도 죽음을 피할 수는 없겠지요. 제가 만든 오믈렛은 폐하의 입맛에 맞지 않을 테니까요. 그때 폐하가 맛보셨던 그 모든 양념을, 싸움터의 위험함과 쫓기는 자의 예민한 감각을, 백성의 따뜻함과 휴식의 감미로움을, 낯선 현재와 흐린 미래를 지금 제가 무슨 수로 구하겠습니까." 이것이 요리사의 말이었습니다. 왕은 한동안 말이 없었습니다. 왕이 요리사에게 온갖 선물을 안겨주면서 일을 그만두게 한 것은 그로부터 얼마 후의 일입니다.

1930

리스본 지진

약국에 가서 기다리면서 약이 처방대로 조제되는 모습을 구경해본 적이 다들 있잖아요? 약사는 모든 재료와 입자를 대단히 정밀한 저울에 올리고 1그램씩, 0.1그램씩 달아 약을 조제하지요. 나는 이렇게 라디오에서 뭔가 이야기할 때는 그런 약사가 되는 것 같아요. 이야기 시간을 1분씩 저울에 올리고 이 내용은 몇 분, 저 내용은 몇 분, 그렇게 정확한 비율로 이야기를 조제하거든요. 여러분은 묻겠지요. "헤에? 왜요? 리스본 지진에 대해서 이야기하고 싶으면, 지진이 어떻게 시작되었나로 시작하면 되잖이요? 그런 다음에는 지진이 났을 때 무슨 일이 생겼나를 쭉 이야기하면 되잖아요?" 하지만 그런 식으로 이야기하면 재미가 없을 것 같아요. 한 집 또 한 집 무너지는데, 한 가족 또 한 가족 목숨을 잃는데, 번지는 불길의 공포, 해일의 공포, 어둠, 약탈, 부상자들의 참상, 실종자들을 찾아 헤매는 사람들의 울부짖음…… 이런 이야기, 이런 내용밖에 없는 이야기를 듣고 싶어 할 사람은 아무도 없을 거예요. 이런 내용은 모든 대형 자연재해에 대한 이야기에 거의 똑같이 들어가고요.

하지만 1755년 11월 1일에 리스본에서 일어난 지진은 다른 비슷비슷한 재앙들과 달리, 여러 가지 의미에서 독특한 재앙이었어요. 어떤 의미에서 독특했는지를 이제부터 이야기하려고 해요. 우선, 리스본 지진은 지금껏 일어난 지진 중에 가장 큰 피해를 남긴 지진 중 하나예요. 18세기에 전 세계를 그 정도로까지 흥분시키고 몰입시켰던 사건은 거의 없었지요. 하지만 그것이 그저 피해 규모 때문만은 아니었어요. 그때 리스본이 그렇게 초토화된 것은 지금으로 치면 시카고나 런던이 초토화된 것과 비슷하거든요. 18세기 중반 포르투갈은 여전히 거대 식민제국의 전성기였고, 리스본은 세계에서 가장 부유한 상업도시 중 하나였지요. 타구스강 하구의 리스본 항구는 해마다 선박이 넘쳤고, 항구 주변에는 영국과 프랑스와 독일의 장사꾼들, 그중에서도 특히 함부르크의 장사꾼들이 차린 거대한 점포들이 즐비했습니다. 건물 3만 채를 헤아리는 도시였고, 주민 수는 25만 명이 넘었는데, 그중 약 4분의 1이 그때 그 지진으로 목숨을 잃었던 거예요. 당시 왕이 살던 궁은 근엄함과 호화로움으로 유명했고, 지진이 일어나기 전의 리스본이 어떤 도시였는지를 묘사하는 글도 많이 나와 있는 덕에 당시의 경직된 격식이 얼마나 괴상했는지도 배우게 되는데, 예를 들면 여름날 저녁 도심 한복판 호시우 광장은 궁정 귀족들이 가족들과 함께 마차를 타고 모이는 장소였다는데, 그렇게 만나면 마차에 탄 채로 한담을 나누었다지요. 당시 사람들이 포르투갈 왕을 너무나 숭고한 존재로 여긴 탓이겠지만, 참사의 전모를 유럽 전역에 전한 소식지 중에는 그렇게 위대한 왕에게까지 참사의 영향이 간다는 사실을 받아들이지 못하는 글도 있더라고요. 그 특이한 필자는 이렇게 썼어요. "얼마나 큰 참사였는지를 알려면 참사를 극복한 이후여야 하듯, 이 엄청난 사건의 끔찍한 정황을 최대한 그려볼 수 있으려면 위대한 왕과 왕비가 모두에게 버림받은 채 종일 마차 안에서 더없이 참담한 상태로 지내야 했다는 사실을 생각해보아야 한다." 당시에는 이런 소식지들이 신문의 역할을 했어요. 관런 업자들이 현장에 있었던 사람들로부터 최대한 온전한 목격담을 확보해서 소식지 형태로 인쇄하고 판매했던 것이지요. 그런 글 가운데 리스본에 거주하던 한 영국인의 목격담을 정리한 글이 있거든요. 그 글의 일부를 나중에 읽어드리도록 할게요.

그 당시에 무수하게 많은 소식지가 이 사건을 다루면서 손에서 손으로 퍼져나간 것은 물론이고, 이 사건이 일어나고 100년이 지나서까지도 새로운 관련 기사가 계속 나올 정도였는데요, 이 사건이 사람들을 이토록 어마어마하게 자극했던 데는 특별한 이유가 하나 더 있어요. 그 이유는 한마디로, 그 지진이 영향력 면에서 전무후무하게 광범위한 지진이라는 것이었지요. 흔들림이 유럽 전역에서 느껴졌던 것은 물론이고 심지어 아프리카에서도 느껴진 거예요. 지진이 일어난 면적을 계산해보니 250만 평방킬로미터라는 엄청난 면적이었지요. 지상에서는 한쪽으로 모로코 해안에서 다른 한쪽으로 안달루시아·프랑스 해안에 이르기까지 가장 강한 진동이 느껴졌어요. 카디스, 헤레스, 알헤시라스는 도시 전체가 거의 초토화됐고요. 세비야에서는 대성당의 종탑들이 바람 속의 갈대처럼 흔들렸다는 목격자 증언도 있네요. 하지만 가장 강력한 지진파는 바다를 통해 전달되었습니다. 핀란드와 네덜란드-동인도 사이에서 강력한 해파가 감지되었고, 해일이 포르투갈 해안에서 엘베강 하구까지 움직이는 데 걸린 시간은 고작 15분이었다는 계산도 나왔답니다. 어마어마하게 빠른 속도였지요. 지금까지는 재앙 당시에 생긴 일들에 대한 이야기였네요. 하지만 당시 사람들의 상상력을 가장 크게 자극했던 것은 재앙이 닥치기 몇 주 전에 관측된 이상한 자연현상들이었어요. 재앙이 닥친 뒤에 사람들은 그런 현상들이 그 후에 닥쳐온 재앙의 전조였다고 해석했는데, 전부 허무맹랑한 해석이기만 한 것은 아니었어요. 재앙의 날을 2주 앞둔 날에 스위스 남부 로카르노에서 관측된 현상이라는데, 갑자기 지표면에서 수증기가 솟구쳐 오르더니 두 시간 만에 붉은 안개가 되었다가 저녁에 검붉은 비로 쏟아져 내렸다지요. 그날을 기점으로 서유럽 전역에서 폭우와 홍수를 동반한 무시무시한 허리케인이 다수 관측되었어요. 지진 발생을 8일 앞둔 날에는 카디스의 지표면이 갓 부화한 벌레 떼로 뒤덮였다지요.

당시에 그 기이한 일련의 현상을 그 누구보다 열심히 주시한 사람이 칸트라는 훌륭한 독일 철학자인데, 지금 이 방송을 듣고 있는 청취자 중에도 그 이름을 들어본 사람이 많을 거예요. 이 지진이 났을 때 그는 스물네 살의 청년이었어요. 그가 고향 쾨니히스베르크를 떠난 적은 그 전에도 없었고 그 후로도 없었지만, 그는 이 지진에 대한 정보를 볼 때마다 엄청나게 흥분하면서 빠짐없이 수집했지요. 그가 이 지진에 관해 작성한 소논문은 독일에서 지리학이라는 학문의 효시가 되었고, 지진학이라는 학문도 그렇게 생겨났답니다. 그 후 지진학이 어떻게 전개되었는지, 칸트의 1755년 지진 연구부터 오늘날의 연구까지 쭉 이야기해보고 싶기도 하네요. 하지만 그 이야기에 정신이 팔려서 우리 영국인이 기다리고 있다는 걸 잊지 않도록 주의할게요. 나는 그가 이 지진 때 경험한 내용을 청취자 여러분에게 소개하고 싶거든요. 150년간 사람들의 관심 밖으로 밀려나 있던 그가 겨우 다시 발언 기회를 얻는 것이니만큼 그를 너무 오래 기다리게 하면 안 될 것 같으니, 우리가 오늘날 지진에 대해 아는 것을 단 몇 마디로만 짧게 말할게요. 그런데 청취자 여러분! 이것 하나는 꼭 알아두세요. 지진은 여러분이 상상하는 것과는 전혀 달라요. 내가 지금 하던 이야기를 잠깐 중단하고 여러분한테 머릿속으로 지진을 상상해보라고 하면 여러분은 일단 화산을 떠올릴 것이 틀림없거든요. 물론 화산 폭발이 지진과 함께 묶이는 경우도 있고, 지진이 화산 폭발을 예고하는 경우는 더 많지요. 그렇다 보니까 사람들은 무려 2000년 동안 그리스인들에서 시작해서 칸트에 이르기까지, 그리고 칸트 이후 대략 1870년까지 지진의 원인이 불타는 가스 같은 것이라고, 지구핵의 증기 압력 같은 것이라고 믿었던 거예요. 하지만 정밀한 측정기구로 정확하게 계산해본 결과, 어느 정도까지 정밀하고 정확한지 여러분은 아마 상상도 못할 거예요. 그 점에서는 나도 여러분과 크게 다르지 않고요, 어쨌든 그렇게 철저하게 조사해본 결과, 적어도 리스본 지진 같은 큰 규모의 지진은, 원인이 그게 아니더래요. 지구핵 하면 지금도 끈적끈적한 불 같은 것을 상상하게 되는데, 어쨌든 지진은 그런 깊은 지구핵에서 발생하는 게 아니라, 지각地殼의 변동 과정에서 발생한다는 거예요. 지각이란 지구의 껍데기 부분을 말하는데, 두께는 대략 3000킬로미터 정도예요. 이 부분은 늘 움직여요. 이 부분을 구성하는 저마다의 덩어리가 늘 위치를 바꾸면서 불균형 상태를 바로잡으려고 애쓰고 있지요. 지각의 균형이 깨지는 원인들 중에는 이미 알려진 것들도 있고, 지속적 연구를 통해 밝혀지기 시작한 것들도 있어요. 지진학에서는 지각 변동의 가장 큰 원인을 일단 지구 한랭화라고 보고 있어요. 한랭화로 인해 암반에 엄청난 응력이 발생해 결국 그 힘으로 인해 균열이 생기고, 그 암반 균열이 단층을 만들어내면서 새로운 균형을 찾는데, 그때 우리가 느끼는 게 지진이라는 거예요. 지각 변동의 원인을 더 찾자면, 산맥은 침식 작용으로 점점 더 가벼워지고 해저는 퇴적 작용으로 점점 더 무거워진다는 것도 있어요. 폭풍, 특히 가을에 전 세계를 강타하는 폭풍은 땅을 위에서 뒤흔들고요. 그리고 마지막으로 하나 더 찾자면, 외부 천체의 인력이 지구 표면에 어떻게 작용하는지에 관한 연구가 진행 중이래요. 그러면 여러분은 이럴 거예요. "하지만 그 말이 맞다면 땅바닥이 안 흔들리는 날이 없을걸요. 지진이 안 일어나는 때가 없을걸요." 맞아요. 사실이 그래요. 지금 나와 있는 지진계는 어마어마하게 정밀한데, 지진관측소가 우리 독일에만 여러 도시에 열세 곳 있어요, 그런 곳에 설치되어 있는 지진계는 한시도 가만있을 때가 없어요. 다시 말해, 지구에는 늘 진동이 있어요. 대부분은 너무 약한 진동이라 우리가 느끼지 못할 뿐이지요.

그렇게 아무것도 못 느끼다가 맑은 하늘에서 갑자기 그런 진동을 느끼게 되면 더 싫겠지요. 여기서는 "맑은 하늘에서 aus heiterm Himmel"라는 표현을 글자 그대로 이해해도 되겠군요. 자, 우리 영국인이 이제 드디어 발언을 시작합니다.

"태양이 광채를 내뿜고 있었다. 하늘은 구름 한 점 없이 맑았다. 앞으로 닥쳐올 사건을 알리는 그 어떤 신호도 그 어떤 경고도 없었다. …… 그 운명의 날 아침, 9시에서 10시 사이, 나는 집 안에 앉아 있었다. 편지 한 통을 막 마무리하는 중이었는데, 편지지와 함께 책상이 약하게 흔들리기 시작했다. 바람 한 점 없는 날씨였기에 이상하다 생각했다. 책상이 왜 흔들릴까 생각하는 동안 …… 집 전체가 바닥부터 흔들리기 시작했다. …… [이상한 소리는] 땅 밑에서 나는 섬뜩한 소리였는데, 멀리서 천둥이 치는 것 같았다. …… 나는 펜을 팽개치고 벌떡 일어나서 잠시 서 있었다. 집 안에 그냥 있어야 할지 당장 밖으로 뛰쳐나가야 할지 덜 위험한 쪽이 어느 쪽일지 결정을 내리지 못하고 있었다. 하지만 이렇게 좀 흔들리다가 괜찮아지겠지 하는 속 편한 생각도 있었는데 …… 순식간에 도시 안의 모든 건물들이 한꺼번에 무너지는 듯한 어마어마한 굉음이 나를 덮쳤다. 건물이 통째로 흔들거리다가 윗집들이 순식간에 무너져 내렸다. 내가 있던 1층은 그 운명을 공유하지 않고 있었지만, 집 안 모든 것이 바닥으로 쓰러졌다. …… 나는 …… 이렇게 깔려 죽겠구나 하는 생각밖에 안 들었다. 벽면들이 계속 무시무시하게 앞뒤로 흔들거리면서 여기저기에서 무너져 내리고 있었다. 사방에서 벽돌 덩어리가 떨어졌고 천장 서까래가 하나둘 빠졌다. …… 하늘이 순식간에 어두워지더니 아무것도 알아볼 수 없게 되었다. 이집트에 내린 어둠*인 듯 캄캄했다. …… 무시무시한 도시 붕괴의 반동 충격이 먼지와 석회의 자욱한 안개를 만들어낸 탓이었다. …… 유황가스 탓이었다고 하는 사람들도 있었다. …… [잠시 후] 어둠이 걷히고 반동 충격이 꽤 가라앉은 듯 …… 그때 내가 잠옷 차림이었던 것이 모종의 섭리였다는 믿음을 나는 평생 간직할 것이다. 만약 내가 그날 …… 일어나자마자 옷을 갈아입었다면 …… 나는 필시 진동이 시작되자마자 밖으로 뛰쳐나갔을 것이고 …… 결국 내 머리통은 박살이 났을 것이다. …… 나는 …… 신발을 신고 외투를 입고 [곧바로] 가능한 한 빠른 걸음으로, 하지만 최대한 조심스럽게 …… 아무 부상 없이 세인트 폴 교회 앞쪽 넓게 트인 공

---

* "이집트에 내린 어둠"이라는 표현은 출애굽기의 한 대목을 연상시킨다. "주님께서 모세에게 말씀하셨다. '너는 하늘로 팔을 내밀어라. 그러면 손으로 더듬어 다닐 만큼 짙은 어둠이 이집트 땅을 덮을 것이다.' 모세가 하늘에다 그의 팔을 내미니, 이집트 온 땅에 사흘 동안 짙은 어둠이 내렸다." 출애굽기 10장 20~21절 참조.

간으로 몸을 피할 수 있었다. …… 거기서 한동안 서 있던 나는 배들이 마치 격렬한 폭풍우를 만난 듯 뒤집히고 요동치는 모습을 보고 있었는데, …… [잠시 후] 거대한 비용을 들여 100% 천연 대리석으로 완전히 새로 지어진 멋진 부두가 안전한 곳을 찾아 부두로 피신했던 모든 사람들과 함께 한순간에 집어삼켜졌고, …… 부둣가에 있던 크고 작은 배가 그 거대한 틈새 속으로 빨려 들어갔다."

가장 큰 피해를 초래한 두 번째 진동으로부터 약 1시간 뒤, 20미터 높이의 엄청난 해일이 도시를 덮치게 되는데, 영국인이 먼 곳에서 건너다 본 그 광경에 대해서는 다른 글들을 통해 알 수 있어요. 해일이 빠져나가자 타구스강은 순식간에 맨바닥을 드러냈어요. 해일의 반동이 너무 강력해서 강물이 전부 다 쓸려간 거예요. 영국인의 글은 이렇게 마무리되네요.

"날이 어두워지면서 온 도시가 이글이글 불타는 듯했다. 불길이 얼마나 밝은지 책을 읽을 수도 있을 정도였다. 도시 곳곳에서 줄잡아 100건이 넘는 화재가 발생했고, 불길은 엿새 동안 잡히지 않았다. …… [불은] 지진이 파괴하지 않고 남겨놓은 것을 모조리 없애고 있었다. ……거기에 서 있는 모든 사람들의 눈은 불을 향하고 있었다. 그들의 말 없는 슬픔을 방해하는 것은 성인들과 천사들에게 도와달라고 기도하는 여자들과 아이들의 울음소리와 비명소리뿐이었다. …… 그리고 …… 진동은 대략 15분 동안 계속되었다."

리스본 지진이 일어난 1755년 11월 1일에 대한 이야기는 여기까지예요. 지진이 인간의 힘으로 막아낼 수 없는 몇 가지 재해 중 하나라는 것은 170년 전이나 지금이나 마찬가지지만, 여기서도 과학기술이 방법을 찾고 있어요. 아직은 예측이라는 우회적인 방법이지만요. 물론 지금 당장은 우리가 발명한 가장 정밀한 도구들보다 몇몇 동물의 감각기관이 더 뛰어난 모양이에요. 특히 개는 지진이 나기 수일 전부터 불안을 의심할 수 없는 방식으로 발산하는 동물이라, 지진위험지대 감시요원들은 개들의 도움을 받는다는군요. 이것으로 나의 20분을 마칠게요. 여러분에게 너무 긴 시간이 아니었기를 바라요.

1931

오스카 마리아 그라프: 이야기꾼

2년 전에 오스카 마리아 그라프는 아름다운 『책력용 이야기들』*을 책으로 펴냈다. 그중 한 권의 제목은 『시골 이야기』이고 다른 한 권의 제목은 『도시 이야기』다. 이 분권에 대해 누군가가 정확하게 논평하고 있듯, 이 작업에는 "슈타른베르크 호숫가에서 농부의 아들로 태어나 뮌헨에서 작가가 된" 저자 본인의 분열상이 기록되어 있다. 그는 양쪽 생활 반경 어느 쪽에서도 안정적 친교를 나눌 곳을 찾을 수 없었다. 그러니 이 『책력용 이야기들』은 모든 독자들과 교훈을 나누고자 하는 보물상자라기보다 독자

---

* 『책력용 이야기들』의 원서 서지 사항은 다음과 같다. Oskar Maria Graf, *Kalender-Geschichten*, 2 Bde.(München: Drei Masken Verlag, 1929), S. 402, 408.

앞에 내밀어진 걸인의 두 손에 가깝다. 행인이 달랑 1페니를 부끄러운 듯 슬쩍 쥐어주고 지나가듯, 이 책의 독자는 여기에 무슨 "의미"가 있을지 생각해본다. 급소를 찌르는 이야기들은 아니었지만, 사심 없는 정확한 관찰이 평범한 내용을 보완해주었다.

아울러 이 이야기들은 월별 이야기라는 오래된 문학 형식을 모종의 새로운 학파가 '서사문학'이라고 부르는 방향으로 이끌려는 소박한 시도들이었다. 이 개념은 연극에서 처음 예증되었지만, 당연히 산문 형식에도 적용될 수 있는 개념이다. 교훈적인 글das Lehrhafte과 내향적인 글 das Insichgekehrte*은 어떻게 다른지, 이야기꾼과 소설가는 어떻게 다른지가 이 개념을 통해 중요하게 부각된다고도 할 수 있다. 요컨대, 구전될 수 있는 원료, 곧 이야기의 원료는 소설의 원료와는 질적으로 다르다. 소설은 구술 전통에서 온 것도 아니고 구술 전통에 편입될 것도 아니라는 점에서 다른 모든 산문 형식들(동화, 영웅담, 속담, 우스개, 재담)과 선명하게 구분된다. 역사적으로 볼 때, 소설의 산실은 개인의 고독이다. 자기의 가장 큰 관심사를 본이

---

* 독일어 das Lehrhafte에는 교훈적인 속성을 가진 것, das Insichgekehrte에는 자기 자신을 들여다보는 속성을 가진 것이란 의미가 있다.

되는 방식으로 표현할 수 없는, 남에게 조언을 들은 적도 없고 그 무엇에 대해서도 조언할 수 없는 개인의 고독. 전해 들은 것을 다시 전달할 수 있다는 것, 자신의 경험에서 이야깃거리가 될 만한 내용을 되살릴 수 있다는 것은, 간단히 말해서 객관적이면서 동시에 재밌게 말할 수 있는 능력으로서, 자기의 내면적 자아를 완전히 열어 보이는 능력과 연결되어 있다.

모든 이야기는, 아무리 간단한 이야기라도, 강한 바람을 통과시킨다. 극히 짤막한 이야기를 최대한 효과적으로 들려주기 위해 얼마나 많은 자유가 필요한지를 우리는 거의 이해하지 못한다. 이야기꾼에게 어떤 편견이라도 있다면 그는 언어 표현력의 한 부분을 빼앗기게 된다. 이 말은 흔히 생각하듯 특정한 테마를 표현할 수 없게 된다는 뜻에 그치지 않는다. 따라서 소설이 자기 정당화에 동원하는 사적 소유를 청산하는 것은 새로운 의미의 서사문학이 존립하기 위한 조건이다.

최근 우리 언어권에서는 품위 있는 자족감(이야기가 침묵을 떠나는 데 비해 소설은 침묵과 맞닿아 있다고 할 때, 그 침묵 속에서 진행되는 사적 소유의 숭고화가 바로 품위 있는 자족감이다)이 교양소설의 특권이 된 만큼, 신진 서사문학가 그라프가 교양소설에 발끈하는 것은 극히 자연스러운 일이다. 교양소설은 자아의 구축을 출발점으로 삼는 데 비해, 서사문학은 오히려 그 해체에 관심을 가진다. 교양소설에서는 주인공이 체험Erlebnis을 통해 인격을 형성한다. 반면에 이곳 서사문학은 피실험자가 경험Erfahrung을 얻는 공간이다. 여기서 경험은 피실험자를 점점 작게 만든다.* 역장 볼비저의 경우가 그렇다.** 그의 전성기에는 왕성한 성욕이 그의 궁색한 결혼생활을 극히 화려하게 만들어주는데, 우리가 처음 알게 되는 것은 그 시절의 볼비저다. 프랑크 베데킨트였다면 그런 고삐 풀린 성욕의 마성적 측면을 그렸겠지만, 볼비저의 성욕은 다르게 그려진다. 충동적인 성욕이 그를 나락으로 추락시키는 것이 아니라 일상적인 성욕이 지하창고로 내려가는 짧은 계단에서 그를 한걸음씩 인도한다. 지하 창고에는 성욕의 추이와 관련된 교훈이 마치 감자처럼 차게 저장되어 있다.

---

* 벤야민이 소설 형식과 이야기 형식을 대조적으로 논의하면서 체험Erlebnis과 경험Erfahrung을 각 형식에 대응시킨다는 것은 이 대목을 비롯해서 이 책 여러 대목에서 밝혀진다. 이 책에서는 체험Erlebnis/경험Erfahrung을 맥락에 따라서 체험성/경험지로 옮기기도 했다.

** 역장 볼비저가 등장하는 책의 서지 사항은 다음과 같다. Oskar Maria Graf, *Bolwieser, Roman eines Ehemannes*(München-Berlin: Drei Masken Verlag A.-G., 1931), S. 359.

『책력용 이야기들』이 매번 그런 교훈을 밀어붙이는 것은 아니다. 자연은 그때그때 손에 잡히는 도구를 사용한다는 것, 자연이 사람을 도구로 사용할 때조차 그런 면이 드러난다는 것도 그런 교훈일 수 있다. 볼비저라는 고집 센 꼰대, 답답한 소시민에게도 쓸모가 없지는 않으니, 직장을 잃고 기력을 잃고 의욕을 잃을 때까지 내버려두면, 대단히 편하게 부릴 수 있는 인력으로 오버바이에른 지역 경제에 편입된다. 그는 세상에 대한 감각, 특히 여자들에 대한 감각을 잃지만, 그의 인간적 속성들이 퇴화할수록 그에게 있었던 생물적 속성들은 점점 더 믿음직하게 발현된다. 한때 철도원이었고 이제 이름 모를 사공이 된 그는 마지막에 가면 오류 없는 지역 날씨 예보자가 된다. 그가 사람들에게 날씨에 대해 묻는 일은 없지만. 사람들로부터 날씨에 대해 질문 받는 일은 더더욱 없지만. "자베르 볼비저가 오두막 앞 작은 벤치에 앉아서 쭈글쭈글한 털모자를 수선하고 있으면, 농부들은 이렇게 말한다. '추위가 오려나.' 그러면 정말 추위가 온다. 그가 저녁에 배를 덮어놓으면, 그들은 이렇게 말한다. '비가 오려나.' 그러면 다음날 아침은 흐리고 계속 비가 온다." 이것은 소설이 아니다. 이것은 가진 것을 잃고 아무도 해치지 않기의 기술을 배운 사람에 관한 이야기다. 동화라고까지 할 수 있다. 발정 난 수컷에서 온습도계 인형으로 변신하는 동화.

1931

속담에 관하여

여자들이 물이 가득 담긴 무거운 물동이를 머리에 이고 손을 대지 않은 채로 운반하는 이미지를 떠올리자.

속담은 경험지를 이런 리듬으로 운반한다.

이런 리듬으로 운반되는 경험지를 놀리 메 탄게레 noli me tangere*라고 한다.

경험지는 이런 리듬으로 운반될 때 전통으로 변모될 수 있다.

속담은 상황에 적용되는 장르가 아니라 상황을 변모시키는 장르다. 속담에는 그런 마법성이 깃들어 있다. 개인

---

* "내게 손을 대지 말아라"라는 뜻이다. 요한복음 20장 17절 참조.

이 경험을 통해서 배운 것(경험지)으로부터 체험할 당시의 흔적(체험성)을 깨끗이 씻어내기란 불가능하다. 하지만 속담은 경험지를 장악하는 방식으로 체험성을 씻어낼 수 있다.* 속담을 통해 체험성에서 벗어난 경험지는 파도가 된다. 그렇게 무수한 경험지가 살아 숨 쉬는 파도가 되어 영원의 바다로부터 끊임없이 밀려온다.

장 폴랑:『속담의 경험』
1932

---

* '경험지'와 '체험성'에 대해서는 80쪽 각주 참고.

손수건

 이야기 기술은 왜 사라져가는 것일까? 다른 손님들과 함께하는 저녁 식사 자리가 지루할 때면 종종 떠오르는 질문이다. 하지만 내가 이 질문에 대한 답을 찾았다고 느낀 것은 그날 오후, 〈벨베르호〉에서 조타실 쪽 산책갑판에 자리를 잡고 바르셀로나가 선상 쪽으로 내주는 탁월한 풍경의 모든 면모를 성능 좋은 쌍안경으로 하나하나 찾아 모으고 있을 때였다. 태양이 가득해지면서 온 도시가 녹아내리는 듯했다. 살아 있는 모든 것이 나뭇잎과 시멘트 건물과 먼 바위산 사이의 회백색 음영 속으로 숨어들었다. 〈벨베르호〉는 발레아레스 제도까지만 운행하기에는 아까울 정도로 크고 아름다운 동력선이다. 그 배에 타고 있을 때는 그 배의 항로가 카나리아 제도까지라고 착각하고 있었으니, 다음 날 그 배가 이비사 부두에서 귀항을 기다리고 있는 것을 보았을 때는 그 배의 크기가 실제로 작아진 듯했다. 〈벨베르호〉에서 그렇게 바르셀로나의 풍경을 바라보면서, 나는 불과 몇 시간 전에 작별을 고했던 O선장을 떠올렸다. 그는 내가 살면서 만난 최초의 이야기꾼이었고, 앞에서 말했듯 이야기 기술이 사라져가고 있으니, 그는 아마도 내가 살면서 만날 최후의 이야기꾼일 것이다. 그가 선미 갑판을 오가며 종종 멀리 시선을 던지곤 했던, 그 끝없이 지루해 보였던 시간을 떠올릴 때, 그제야 나는 왜 이야기 기술이 사라져가고 있는지를 알게 되었다. 권태로워하지 않는 사람은 이야기꾼이 될 수 없다는 것을 알아낸 것이다. 그런데 우리의 삶에서 권태의 자리가 사라지고 있다. 권태와 은밀하고 밀접하게 연결되어 있는 행위들이 사라지고 있다. 이야기꾼의 재능이 사라져가는 두 번째 이유가 바로 그것, 이야기를 들으면서 실을 잣거나 천을 짜거나 나무를 깎아 표면을 다듬어 물건을 만드는 업장들이 사라지고 있다는 것이다. 요컨대, 좋은 이야기가 많이 나오려면 노동, 질서, 위계가 있어야 한다.

이야기하기란 단순히 기술이 아닐 뿐더러 동방에서처럼 하나의 직분까지는 아니더라도 일종의 영예이다. 이야기는 지혜로 이어지며, 거꾸로 지혜는 종종 이야기가 되어 나타난다. 어느 쪽이 됐든 이야기꾼은 지혜로운 조언을 알고 있는 사람인데, 그의 조언을 듣기 위해서는 그에게 이야기를 들려줄 수 있어야 한다. 하지만 우리는 하소연, 넋두리나 할 줄 알지, 우리의 걱정거리를 가지고 이야기를 들려줄 줄은 모른다. 나는 이야기 기술이 사라져가는 세 번째 이유로 O선장의 파이프를 떠올렸다. 그는 이야기를 시작하면서 파이프를 톡톡 털었고 이야기를 끝내면서도 털었지만, 이야기 도중에는 불이 꺼져도 그냥 내버려두었다. 호박색 파이프 머리에는 무겁게 은으로 장식된 뿔로 된 담뱃대가 붙어 있었다. 그의 할아버지가 그에게 물려준 것이었다. 나는 그것이 이야기꾼의 부적이었다고 생각한다. 세 번째 이유가 여기 있다. 들을 만한 이야기가 왜 없어졌느냐면, 물건을 귀하게 쓰지 않게 됐으니까. 가죽허리띠를 닳아서 끊어질 때까지 차본 적이 있는 사람이면 알겠지만, 물건을 오래 쓰다 보면 이야기가 따라붙는다. 선장의 파이프는 아주 많은 이야기를 알고 있었을 것이다.

내가 이런 몽상에 빠져 있을 때, 한참 아래쪽 부두에 한 땅딸막한 남자가 나타났다. 커다란 얼굴을 선장 모자에 구겨 넣은 남자. 아침에 나를 여기까지 실어온 그 화물선의 O선장이었다. 낯선 도시를 홀로 떠나는 데 익숙한 사람이라면 잘 알 것이다. 출발이 임박해 길게 대화할 수 없는 순간이라도, 친한 친구는 아닐지라도, 익숙한 얼굴이 나타난다는 것이 얼마나 큰 의미를 가지는지. 그 순간, 여행자는 모자, 악수, 혹은 손수건 속에 시선을 잠시 기댈 수 있다. 그런 내가 〈벨베르호〉의 출항을 앞두고 있을 때, 마치 내 생각의 부름에 응한 듯 O선장이 부두에 나타난 것이다. 열다섯 살에 집을 나온 그는 3년 동안 연습선을 타고 태평양과 대서양을 횡단했고, 그 후 북독일 로이드의 아메리카 기선에서 일했지만 그만둔 이유는 밝히지 않았다. 내가 들을 수 있었던 경험담은 거기까지였다. 그의 삶 위에는 그림자 하나가 드리워져 있는 듯했고, 그는 그런 것에 대해 별로 말하고 싶어 하지 않았다. 그러니 이야기꾼의 가장 훌륭한 능력, 곧 자기 삶의 이야기를 들려주는 능력이 그에게는 부족한 듯했다. 이야기꾼의 은은한 촛불에 서서히 타들어가는 것이 그의 삶인 것을. 그의 삶은 배의 삶에 비하면 빈약해 보였지만, 어쨌거나 그는 늑재 하나하나 원재 하나하나를 살아 움직이게 하는 법을 알고 있었다. "그날 아침에 그 배에 처음 탔지요. 선실급사들의 급여와 상선사관들의 애로사항은 물론이고, 건조년도와 요금기준, 용적량과 중량톤도 환히 알고 있었어요. 그때만 해도 화물선이 범선이었고, 선장이 직접 항구에서 선적을 마무리했으니까요! 범선에서 기선으로 갈아타기라는 옛 농담이 아직 통하는 시대였지요. 하지만 지금은 ……" 이 분야에서도 변화의 결정적 원인은 경제 위기였음을 짐작하게 해주기도 하는 몇 문장이 이어졌다.

이런 경우 O선장은 간혹 정치에 관해서 한마디 던지기도 했다. 하지만 나는 그가 신문을 읽는 모습을 한 번도 본 적이 없었다. 내가 어느 날 화제를 그쪽으로 돌렸을 때 그에게서 들었던 대답은 두고두고 기억에 남았다. 그때 그는 이렇게 말했다. "신문에는 경험담이 하나도 없어요. 모든 걸 늘 설명하려 들잖아요." 사실이 그렇다. 저널리즘 기술의 절반은 기사를 온갖 설명으로부터 자유롭게 하는 데 있지 않은가? 고대인들은 이야기로부터 모든 심리적 인과관계와 의미를 제거함으로써 이야기를 이른바 건조하게 유지한다는 점에서 이미 우리에게 모범을 보이지 않았는가? 어쨌든 O선장이 자신의 이야기를 불필요한 설명 없이 풀어놓는다는 점은 인정해야 했고, 그 덕분에 이야기는 결코 손해를 보지 않은 것 같았다. 그가 들려주는 모든 이야기는 그런 특징 때문에 오히려 더 기억에 남았지만, 그날 오후에 바르셀로나 부두에서 뜻밖의 반응을 불러일으키게 되는 다음 이야기만큼 그런 특징을 잘 보여주는 것도 없다. 이 이야기가 나중에 대단히 놀라운 의미를 띠게 되는 것은 앞서 말한 그 오후에 바르셀로나 부두에서였다.

카디스 항구가 점점 멀어질 때 선장은 나에게 이렇게 말했다. "옛날 일이에요. 막내 항해사로 승선하여 미국으로 향하는 첫 항해였어요. 그날은 항해 7일 째였고, 그다음 날 정오에는 브레머하펜에 입항해야 하는 일정이었어요. 그날도 다른 날과 다름없이 산책갑판을 한 바퀴 돌고 있었어요. 어떤 승객과는 몇 마디 주고받기도 했지요. 그러다가 멈칫했어요. 여섯 번째 비치베드가 비어 있더라고요. 불안감이 엄습해왔어요. 하지만 생각해보니 다른 날 그 앞을 지나갈 때 더 불안했던 것 같아요. 그 전날까지 그 자리에는 젊은 여성이 있었거든요. 나는 그쪽을 돌아보면서 말없는 인사를 보냈고, 그녀는 목에 깍지를 끼고 미동도 없이 앞만 쳐다보고 있었지요. 그녀는 매우 아름다웠지만, 미모 못지않게 두드러졌던 것은 그녀의 가만함이었어요. 그녀의 목소리를 들어볼 기회가 정말 드물 정도였지요. 참 근사했던 그 목소리가 지금도 기억이 나네요. 칼칼하고 거칠거칠한 목소리, 낮고 쇳소리가 섞인 목소리였는데, 언젠가 한번은 그녀에게 손수건을 주워주게 되었어요. 내가 그 무늬를 보고 얼마나 깜짝 놀랐는지 아직도 기억이 나네요. 문장 방패였는데, 세 부분으로 되어 있고 각 부분에 별이 세 개씩 있더라고요. 그때 그녀에게서 '고마워요'라는 말을 듣게 되었는데, 마치 내가 자기의 생명을 구해주기라도 한 것 같은 말투더라고요. 그녀가 안 보이던 그날, 갑판 순회 업무를 막 끝내고는 선의船醫를 찾아가 그 승객분이 편찮으신 것은 아닌지 물어볼 참이었는데, 갑자기 사방에서 하얀 종잇조각들이 날리기 시작하더군요. 갑판차양 쪽을 돌아보니, 바람과 파도 사이로 흩날리는 크고 작은 종잇장들을 그녀가 난간에 기대서 멍한 표정으로 쳐다보고 있더라고요. 그다음 날 정오에도 나는 지나가면서 그녀를 볼 수 있었어요. 그날 내 업무는 갑판에서 접안 작업을 감독하는 것이었거든요. 어느새 접안은 거의 완료되었고, 이제 용골을 부두 쪽으로 서서히 끌어당기는 단계였어요. 선미는 이미 부두에 매어놓은 상태였고요. 마중 나온 사람들 얼굴을 또렷이 알아볼 수 있는 거리였는데, 그녀는 열에 들뜬 표정으로 그 얼굴들을 하나하나 살펴보고 있더군요. 그런데 내 주의가 온통 닻 내리는 작업에 쏠려 있을 때, 여러 사람이 한꺼번에 비명을 지르더라고요. 뒤를 돌아보니 그녀의 자리가 비어 있었는데, 사람들의 움직임을 보니 그녀가 배 밖으로 떨어졌으리라 짐작되더군요. 구조 가능성은 없었어요. 계류 장치를 순간적으로 정지시키는 것은 가능했다 쳐도, 선체와 부두 사이의 거리는 불과 3미터였고, 움직이는 선체의 관성을 막을 수는 없는 노릇이었지요. 누구든 그 틈새에 빠졌다면 끝장이었고요. 바로 그때 믿기 어려운 일이 일어났어요. 터무니없게도 구조하겠다고 나서는 남자가 나타난 거예요. 모든 근육들을 긴장시키면서, 계획을 세우는 것처럼 두 눈썹을 한 곳으로 모으면서, 난간에서 뛰어내렸고, 모든 목격자들의 경악 속에, 선체가 우현 쪽으로 기울며 부두에 부딪히는 순간, 그 남자는 여자를 품에 안은 채 아무도 주목하지 않던 좌현 쪽에 나타났지요. 실제로 남자에게는, 오른쪽 수면 아래로 급히 잠수해서 그녀를 구조한 다음 선체 아래쪽을 지나 반대쪽 수면 위로 올라온다는 계획이 있었습니다." 그는 나중에 나에게 이렇게 말했다. "내가 그녀를 구조했을 때 그녀는 마치 내가 자기 손수건을 주워준 것처럼 '고마워요'라고 속삭이더군요."

마지막으로 이렇게 말하던 이야기꾼의 목소리가 여전히 귓가에 생생하다. 마지막으로 그와 한번 더 악수를 하려면 지체할 수 없었다. 나는 급히 계단을 내려가려던 참에 창고와 격납고, 크레인들이 서서히 멀어지고 있는 것을 보았다. 이미 배가 출항한 것이다. 나는 쌍안경을 눈에 대고 마지막으로 한번 더 바르셀로나를 내 앞으로 지나가게 했다. 그러고는 쌍안경을 부두 쪽으로 천천히 내렸다. 부두의 인파 속에 선장이 있었다. 그는 그때 막 나를 알아본 듯했다. 그는 인사하듯 한 손을 들어올렸고, 나도 손을 흔들었다. 내가 다시 쌍안경을 눈에 댔을 때, 그는 손수건을 펼쳐 흔들었다. 나는 손수건 모서리에서 그 무늬를 똑똑히 알아볼 수 있었다. 모서리 세 개에 각각 별이 하나씩 새겨진 문장 방패였다.

1932

이야기와 치유

아이가 아프다. 엄마가 아이를 침대에 눕히고 곁에 앉는다. 그러고는 아이에게 이야기를 들려주기 시작한다. 이 상황을 어떻게 이해해야 할까? 내가 한 가설을 떠올렸던 것은 N이 내게 손의 치유력을 이야기해줄 때였다. 그는 자기 아내의 손이 가지고 있던 묘한 치유력에 대해 이렇게 말했다. "손의 움직임에서 뛰어난 표현력을 보았어요. 그게 뭘 표현하려 했는지 설명해보라 했으면 못했을 거예요. …… 마치 어떤 이야기를 들려주고 있는 것 같았어요." 이야기의 치유력에 대해 우리는 메르제부르크 마법서*가

---

* 중세 독일 문서. 야콥 그림(1785~1863)의 문헌 연구를 통해 널리 알려졌다. 이 문서에서 오딘은 치유 마법사로 등장한다.

존재하는 덕에 이미 알고 있다. 이 마법서는 오딘의 주문을 베끼는 데 그치지 않고 오딘이 애초에 어떤 상황에서 그런 말을 주문으로 사용하게 되었는지까지 이야기해준다. 또한 우리는 치료 초기에 환자가 의사에게 들려주는 이야기가 치유 과정의 시작이 될 수 있다는 사실을 알고 있다. 여기서 질문이 생긴다. 이야기는 많은 경우 치유의 적절한 환경과 조건을 조성할 수 있지 않을까? 병을 이야기의 강물 위로 흘리가게 할 수만 있다면, 병이 그렇게 충분히 긴 강을 따라 하구까지 흘러갈 수만 있다면, 어떤 병이라도 치유될 수 있지 않을까? 고통이란 이야기 흐름을 막는 댐이라고 생각하면, 그러한 치유의 장면을 선명하게 떠올릴 수 있다. 이야기 흐름이 가장 가팔라지는 지점에서 댐이 무너지고, 이야기 흐름에 걸리적거리는 모든 것이 복된 망각의 바다로 흘러나간다. 쓰다듬는 손은 물길의 굽이를 따라간다.

1932

소설 읽기

 모든 책을 읽을 때 읽기의 기술이 동일한가 하면 그렇지는 않습니다. 예를 들어, 소설 읽기의 기술은 먹어치우는 겁니다. 소설 읽기는 감정이입하는 것이 아니라 섭취에 탐닉하는 겁니다. 독자는 주인공의 입장이 되어보는 것이 아니라 주인공에게 일어나는 사건을 먹어치웁니다. 주인공에게 일어나는 사건을 생생하게 전달하는 일은 든든한 요리를 먹음직스러워 보이게 만들어 식탁에 올리는 일입니다. 물론 생식을 하는 경우도 있지요. 음식에 생식이 있는 것과 마찬가지로 경험에도 생식이 있습니다. 나 자신에게 일어나는 경험이 그런 생식입니다. 하지만 소설 쓰기의 기술은 요리의 기술과 마찬가지로 날것을 먹이지 않는다는 데 있습니다. 영양 많은 재료 중에 생으로 먹을 수 없는 것이 얼마나 많습니까! 읽으라고 권할 수는 있어도 직접 겪어보라고 권할 수 없는 체험이 얼마나 많습니까! 어떤 사람들은 그런 체험을 책으로 접하면서도 충격을 받으니, 그런 사람들이 실제로 그런 체험을 해야 했다면 완전히 무너져버렸을 겁니다. 요컨대, 소설의 뮤즈라는 열 번째 뮤즈가 있다면, 그녀는 요리 요정의 모습을 하고 있을 겁니다. 그녀는 날것의 세계를 위로 끌어올려 식용의 상태로 만들고자 합니다. 그리고 세계라는 식재료로부터 그 풍미를 끌어내고자 합니다. 식사 중에 신문을 읽는 것은 불가능하지는 않습니다. 하지만 소설을 읽는 것은 불가능합니다. 음식을 먹든지 소설을 읽든지 둘 중 하나밖에 할 수 없습니다.

1933

이야기 기술

　매일 아침 우리는 세계 곳곳의 뉴스 기사를 접합니다. 하지만 독특한 사건을 알게 되는 경우는 별로 없습니다. 우리가 접할 수 있는 사건들은 처음부터 끝까지 전부 다 설명으로 무장하고 있으니까요. 표현을 바꾸면, 무슨 일이 일어났을 때, 사람들은 그 일을 거의 정보로 만듭니다. 그 일을 가지고 이야기를 만들어내는 경우는 이제 거의 없습니다. 그러니 무슨 이야기를 듣고 그 이야기를 다른 사람에게 다시 들려줄 때 설명을 삼갈 수 있다면 이미 이야기 기술의 절반은 터득한 셈입니다. 고대인들은 이 기술의 대가들이었습니다. 헤로도토스는 그중에서도 발군이었고요. 그의 『역사』 3권 14장에 보면, 프사메니투스 이야기가 나옵니다. 이집트 왕 프사메니투스가 페르시아 왕 캄비세스에게 정벌당해 그의 포로가 되었고, 캄비세스는 이 포로에게 굴욕을 안겨줄 기회를 엿보았습니다. 그는 프사메니투스를 페르시아군의 승전 행렬이 지나갈 길가에 세워놓으라고 지시했습니다. 그러고는 이 포로의 딸이 하녀가 되어 물동이를 머리에 이고 물을 길러 가는 장면을 연출했습니다. 이 장면을 본 모든 이집트인이 통곡하고 탄식했는데, 프사메니투스는 바닥에 시선을 고정한 채 말없이 부동의 자세로 서 있을 뿐이었습니다. 곧이어 아들이 처형장으로 끌려가는 장면을 보았을 때도 그는 아까와 똑같은 부동 자세였습니다. 하지만 곧이어 그는 자기를 섬기던 한 늙은 남자의 영락한 모습을 포로 행렬에서 발견했고, 그 순간 주먹으로 자기 머리를 내리치는 등 너무나도 깊은 괴로움을 온갖 방법으로 표현했습니다. 이야기하기가 본래 어떤 것인지를 우리는 이 이야기로부터 배우게 됩니다. 정보를 제공하고 대가를 받을 수 있을 때는 그것이 아직 새로운 정보였던 짧은 한때입니다. 정보의 생명은 그때뿐입니다. 정보는 전적으로 그때의 정보일 수밖에 없습니다. 정보가 주어지려면 지체 없이 바로 주어져야 합니다. 이야기는 다릅니다. 이야기는 시간이 흘러도 무가치해지지 않습니다. 이야기의 힘은 이야기 내부에 응축되어 있는 만큼, 이야기는 오랜 시간이 흐른 뒤에도 그 힘을 발휘할 수 있습니다. 예컨대 몽테뉴는 이집트의 왕에 대한 이야기로 돌아가서 이렇게 자문했습니다. 그가 늙은 하인을 보았을 때 통곡한 것은 왜일까? 그 전에 통곡하지 않고 그때 비소로 통곡한 것은 왜일까? 몽테뉴는 이런 대답을 생각했습니다. "이미 슬픔으로 가득했기에 아주 작은 슬픔이 더해지는 것만으로 인내의 울타리가 무너진 것이었다." 그렇게 설명하는 것도 가능합니다. 하지만 다르게 설명하는 것도 가능합니다. 어떤 설명들이 있을 수 있는지는 친구들에게 몽테뉴의 질문을 던져본 적이 있는 사람이라면 알 수 있습니다. 예를 들어, 내 친구 하나는 이렇게 말했습니다. "왕은 왕족의 운명에 마음이 흔들리지 않아. 왕족의 운명은 자기 운명이기 때문이지." 또 다른 친구는 이렇게 말했습니다. "그런 거 많잖아. 실제 삶에서는 우리의 마음을 흔들지 않는데 무대 위에서는 우리의 마음을 흔드는 것들이." 세 번째 친구는 이렇게 말했습니다. "커다란 고통은 어딘가에 고여 있다가 긴장이 풀리면 갑자기 터져 나오잖아. 그 하인을 보고 긴장이 풀렸던 거야." 네 번째 친구는 이렇게 말했습니다. "만약 요새 이런 사건이 났다면, 모든 신문에서 '프사메니투스는 하인을 사랑해, 자식들보다 더'라면서 난리가 났겠지." 기자라면 무슨 설명이든 손바닥 뒤집듯 쉽게 갖다 붙입니다. 그것만큼은 확실하지요. 반면에 헤로도토스는 이 사건에 그 어떤 설명도 덧붙이지 않습니다. 그의 사건 보도는 누구보다도 건조합니다. 고대 이집트에서 일어났던 이런 일이 수천 년이 지난 지금까지 경악과 성찰을 불러일으킬 수 있는 것은 그 때문입니다. 공기가 통하지 않는 피라미드의 밀폐 공간에서 지금까지 수천 년간 발아력을 잃지 않고 있는 밀알과 비슷합니다.

1933

벽난로에서:
한 소설의 출간 25주년을 기념하며

 오스카 와일드에 대한 이야기가 있다. 와일드가 여러 사람들과 함께 있을 때였는데, 권태가 대화의 주제였다. 다들 짧게 한마디씩 했고, 와일드는 마지막까지 입을 열지 않았다. 모두가 기대에 차서 그를 바라보았다. 그때 그는 이렇게 말했다. "권태로울 때면 좋은 소설 한 권을 들고 벽난로 가에 앉아서 불을 바라봅니다."

 타오르는 불과 펼쳐진 책은 너무나 잘 어울린다. 그리고 지금 우리가 손에 들고 있는 이 책, 아놀드 베넷의 주저인 『노부인들의 이야기』가 출간된 지 25년 만에 드디어 번역되었는데, 이 책을 펼쳐놓은 채로, 시선은 벽난로 쪽으로 보내볼까 싶다. 벽난로를 바라보는 동안 아무것도 떠올리지 못할 만큼 상상력이 없는 사람은 없으니 말이다. 나는 지금 이 장면이 왜 소설을 상징하는 은유인지 살펴보고 싶어진다.

  소설 독자가 소설을 읽는 방식은 한 편의 시 속에 침잠하는 사람이나 한 편의 극을 따라가는 사람과는 다르다. 소설 독자가 객석에 앉아 있는 사람과 다른 점, 심지어 시를 읽고 있는 사람과도 다른 점은 그가 혼자라는 데 있다. 극을 관람하는 사람은 다수의 관객들 사이에 있으니 그들의 반응에 관여하게 되고, 시를 읽는 사람은 자기 옆에 있는 사람에게 자기가 읽는 시의 의미를 말로 전할 준비가 되어 있다. 소설 독자는 혼자 읽는다. 아주 오랫동안 혼자 읽는다. 그리고 그렇게 혼자 읽은 것을 독차지한다. 소설 독자는 극을 관람하는 사람이나 시를 읽는 사람에 비해 질투가 심하고 독점욕이 크다. 그에게는 소설을 혼자만 간직하고 싶은 마음, 그야말로 흔적도 남기지 않고 먹어치우고 싶은 마음이 있다. 벽난로 불이 장작을 불태우듯, 그는 자기가 읽는 소설을 먹어 없앤다. 작품에 흐르는 팽팽한 긴장은 벽난로에 불을 지피고 불길을 살리는 바람의 흐름과 매우 흡사하다.

  이런 비유는 지금까지 소설이란 장르에 대해 이루어진

논의와는 다른 그림을 제시한다. 독일에서는 이러한 논의가 프리드리히 슐레겔로부터 시작되었다. 슐레겔은 소설에서 예술 형식(세르반테스적 형식, 아니면 괴테적 형식)을 포착하고자 했을 뿐 소설을 광범위하게 떠받치고 있는 대서사적 전통에는 전혀 관심이 없었는데, 그런 논의가 지금까지 영향을 미치고 있는 것이다. 소설은 이러한 전통을 이야기와 공유한다. 그리고 이 전통을 가장 잘 보여주는 것이 영국인들이다. 월터 스콧, 찰스 디킨스, 윌리엄 메이크피스 새커리, 로버트 루이스 스티븐슨, 조지프 러디어드 키플링은 소설가이기도 하지만 그보다는 끝까지 이야기꾼이다. 이야깃거리가 그들을 통해 책으로 흘러들어 갔다가 이야기가 되어 책에서 흘러나온다. 반면, 그들의 반대편에 서 있는 소설가의 화신으로서 플로베르는 자신의 문장을 종종 소리 내어 읽곤 했다. 그는 이렇게 리듬의 완성도를 시험으로써 독자를 그의 압도적인 작품 속에 더욱 단단히 가두었다. 그의 작품에서는 한 문장이 다음 문장과 돌담의 벽돌처럼 맞물려 있다. '구조'라는 신을 믿고 유려한 운율이라는 신의 메아리를 믿는 신비주의적 신앙을 널리 유통시키는 데는 그 이상의 방법이 없었다(이 신앙의 큰 수혜자는 눈이 높고 까다로운 발기부전 환자들이었다). 하지만 한 편의 소설이 모종의 구조라면, 그 구조는 건축가가 짓는 건물에 가깝기보다는 하녀가 벽난로에 쌓는 장작더미에 훨씬 더 가깝다. 오래가야 하는 것이 아니라 잘 타올라야 한다.

베넷은 50년이 넘는 시간 동안 일어난 일들을 한 장소에 쌓아올렸다. 똑같은 장소에, 똑같이 성긴 방식으로, 한 세대 한 세대 이렇게 총 3세대 걸쳐 쌓아올렸다. 뒤 세대는 앞 세대가 남긴 잿더미 위에 순순히 머물러 있다. 파이브 타운스에 터를 잡고 살았던 그들은 상인들이었다. 그 50년간 가문을 대표한 것은 두 자매였는데, 그중 동생은 자식 없이 죽고, 언니는 자기 재산과 동생 재산을 모두 물려받을 귀염둥이 응석받이 외아들을 남기고 죽는다. 그들의 요람이 놓였던 방에서 훗날 그들의 관이 나가게 된다. 이 파이브 타운스라는 연립도시는,

> "이 세상에 없어서는 안 될 반드시 필요한 곳이다. 카운티 북단에서 남단까지 통틀어 문화를 대표하고 응용과학을 대표하고 체계화된 제조업을 대표하고 금세기를 대표하는 곳은 파이브 타운스뿐이다. 아니면 저 멀리 울버햄프턴까지 가야 한다. 왜 이곳이 이 세상에 없어서는 안 될 반드시 필요한 곳

이냐 하면, 파이브 타운스가 없으면 차를 마실 때 찻잔에 따라 마실 수도 없고, 파이브 타운스가 없으면 식사할 때 격식을 갖출 수도 없다. 그런 까닭에 파이브 타운스 건축은 화덕과 굴뚝의 건축이고, 그런 까닭에 공기는 진창처럼 검고, 그런 까닭에 불길과 연기는 밤새 그치지 않는다. 그런 까닭에 롱쇼는 지옥과 비교되어왔고……"

베넷이 이런 지옥을 말하는 방식은 디킨스가 『골동품 가게』에서 산업화 초기의 런던이라는 지옥을 보여주는 방식과는 다르다. 두 자매의 삶은 그 지옥으로부터 철저히 차단되어 있다. 베넷은 이 사실을 구구절절 설명하지는 않지만, 태어날 때부터 예정된 운명처럼 두 자매가 포목점 안에서 성장하는 것으로써 이를 상징적으로 보여준다. 그러나 이후에 동생은 그 운명으로부터 벗어나기 위해 매우 큰 대가를 치른다. 동생을 이 집안으로부터 떼어내는 힘은 이 집안을 몰락시키는 힘과 매우 밀접한 관련이 있다. 한때는 노동과 여가가 균형이 맞았고 생업은 종사할 만하고 삶은 살 만할 것 같았는데, 이제 그런 생활양식이 사멸 중이다. 선대는 이 도시에서 집안을 일으켰는데, 소설 결말에서는 이 도시가 얼굴을 바꾸기 시작한다. 콘체른[재벌]과 트러스트가 파이브 타운스에 그림자를 드리우기 시작한다. 세기 초는 광고, 건축, 최저가로 무장한 경쟁업체들이 옛 상인계급을 몰아내는 시기였다. 두 자매의 삶은 그런 전환기에 놓여 있다. 그러나 언니만은 끝까지 관습에 의리를 지키면서 점포를 물려받고 아들을 낳아 기르고 건물을 돌본다. 동생은 집을 떠났다가 30년 만에 돌아와서 건물을 물려받는다.

이 집에는 이 집만의 사정이 있다. 일가는 이 집에 살면서 가산을 모았다. 수십 년에 걸쳐, 세 개의 공간에서 출발한 집이 점차 확장되더니 창고 공간, 가게 공간, 주거 공간으로 서로 스며들며 하나의 미로로 변해갔다. 편리한 공간은 아니지만 불편할수록 확고한 습관을 유지할 수 있다. 마술 같은 문학기법으로 가득한 이 소설에서 두 여자의 집은 화자의 마술의 걸리는 대상 중 하나다. 두 여자는 그 모든 임종을 이 집에서 지켰지만, 근본적으로 이 집은 어린 시절 두 자매로서 함께 놀던 삶과 노년의 삶이 거의 분간할 수 없이 뒤엉킨 상태로 펼쳐지는 묘한 공간이다. "부엌 계단 맨 위에서 시작되어 지하창고의 어두운 구석들까지 이어지기도 하고 브로엄 스트리트의 평범한 일상들 앞에서 갑자기 끊기기도 하는 그 공간들의 드넓고 아득한 인상, 콘스턴스와 소피아가 아주 어렸을 때 받은 그 인상은 나이가 들어도 거의 손상되지 않은 채 남아 있었다."

이런 것이 독자의 불타는 관심 앞에 던져지는 마른 장작이다. 무슨 뜻이냐고? 모리츠 하이만은 언젠가 이렇게 말했다. "서른다섯 살에 죽는 사람은 삶의 모든 순간 서른다섯 살에 죽는 사람이다." 이 말이 맞는 말인지 아닌지 알 수는 없지만, 나는 이 말이 틀린 말이라고 믿고 있고, 틀린 말이기를 바라고 있다. 다만 소설에서는 이 말이 딱 맞는 말이다. 소설에 나오는 인물의 본질을 설명하려고 할 때 이 문장만 한 것도 없다. 이 문장의 함의대로, 한 인물의 삶의 의미가 오직 그 죽음으로부터만 드러날 수 있다. 소설의 독자는 작품 속에서 '삶의 의미'를 읽어낼 수 있는 인물들과 마주친다. 그러므로 그는 어떤 식으로든, 미리부터 그들의 죽음을 목격하게 되리라는 확신을 가지고 있다. 필요하다면 은유적인 의미로, 즉 소설의 끝으로서라도. 그러나 더 바람직한 것은 실제 죽음이다. 그것을 소설 속 인물은 어떻게 독자에게 알려줄 수 있을까? 죽음이 그를 기다리고 있다는 것, 매우 구체적인 죽음이 그를 기다리고 있다는 것, 매우 구체적인 죽음이 매우 구체적인 국면에서 그를 기다리고 있다는 것을 그는 어떻게 독자에게 알려줄 수 있을까? 저 벽난로 불꽃이 장작에 매료되듯, 독자는 바로 이 질문과 함께 소설에 이토록 불가항력적으로 매료된다. 죽음 그 자체가 된 독자는 불꽃 혀가 삭정이 주변에서 얼쩡대듯 인물 주변에서 얼쩡대던 끝에 불길에 휘말리고 만다.

그는 재灰가 될 수밖에 없다. 그래서 소설은 비록 두 자매의 소녀 시절에서 시작하지만 제목이 『노부인들의 이야기』인 것은 그 때문이다. 베넷은 이 책 서문에서 (어법적으로 모범적인 독일어 번역본에서는 안타깝게도 이 서문이 빠져 있다) 파리의 단골 식당에 갔을 때 한 노파가 식당에 들어오는 것을 본 순간에 작품에 대한 아이디어가 떠올랐다는 이야기를 들려준다(본격적으로 집필을 시작한 것은 그로부터 한참 후였다고). 그가 그 애처로운 모습을 본 순간에 그랬던 것처럼, 무언가를 보고 작품의 아이디어를 떠올리는 것은 누구든지 할 수 있다. 하지만 그는 그 아이디어를 토대로 한 사람의 삶을 완벽하게 창조했고, 그렇게 작품이 된 삶은 아무것도 잃어버리지 않았다.

파스칼은 이렇게 말했다. "아무리 가난한 사람도 죽으면 뭔가를 남긴다." 기억도 그중에 하나다. 다만 상속자가 늘 있는 것은 아니다. 소설가가 기억 상속자로 나설 때는 짙은 우울이 수반된다. 죽은 자매에 대해 살아남은 자매가 "그 애는 인생을 몰랐어"라고 말하는 대목은, 많은 소설가에게 주어진 이 유산의 총액을 압축한다. 죽은 여인은 사랑의 운명을 세계사적 맥락 속에서 끝까지 경험했다. 그러나 작가가 그것을 위해 만들어낸 문학 속 기억 속에서, 그 운명은 얼마나 초라하게 보이는가. 생전에 그녀는 간혹, 그것에 대한 예감을 품기도 했다.

> "가끔 한가할 때는 '내가 여기서 이러고 있다는 게 너무 이상해!' 하는 생각에 사로잡히곤 했다. 하지만 그러다가도 곧 규칙적인 일상의 흐름에 또 다시 휩쓸려갔다. 만국박람회가 있었던 1878년 말, 그녀의 여관은 한 층에서 두 층으로 확장되었고……"

작품은 총 4부로 되어 있고, 마지막 4부 제목은 「산다는 것은」이다. 4부의 마지막 두 챕터 제목은 「소피아의 최후」와 「콘스탄스의 최후」다. 최후. 이것이야말로 삶이 안겨주는 모든 선물 중에 가장 믿을 만한 선물이다. 소설이 있어야 그런 말을 할 수 있냐 하면 물론 그렇지는 않다.

소설이 꼭 있어야 하는 이유는 우리가 모르는 운명을 그려 보여주기 때문이 아니라 그 운명이 불살라지는 동안 그 불의 열기가 우리에게 닿기 때문이다. 우리 자신이 겪는 운명은 그런 열기를 내지 못한다. 독자가 왜 자꾸만 소설에 끌리느냐 하면, 소설의 가장 불가사의한 선물 때문이다. 덜덜 떨리도록 추운 삶을 죽음이라는 불로 따뜻하게 데워주는 것이 소설이다.

1933

경험지와 부족함

 늙은 아버지가 임종을 앞두고 아들들에게 포도밭에 보물이 묻혀 있다는 암시를 주었다는 우화가 여러 독본에 실려 있었다. 파내기만 하면 된다는 듯. 아들들은 땅을 파보지만 보물의 흔적조차 없다. 그들은 가을을 맞게 되고, 그들의 포도밭 작황은 전국 최고. 그제야 그들은 아버지가 자기네들에게 경험지 하나를 물려주었음을 깨닫는다. 행복은 재산에 있는 것이 아니라 노력에 있다는 것을. 이런 경험지를 사람들은 우리의 성장기 내내 협박처럼 또는 위안처럼 우리 앞에 들이댔다. "아직 새파란 청년이잖아. 좀 더 기다리면 기회가 올 거야." "더 크면 알게 돼." 경험지가 무엇인지 다들 잘 알고 있었다. 연상자는 늘 그것을 연하자에게 건네고 있었다. 짧은 것으로는 권위 있는 연장자가 들려주는 속담이 있었고, 긴 것으로는 떠벌리기 좋아하는 연장자가 들려주는 실화가 있었다. 벽난로 앞에서 아들손자들에게 먼 나라의 이야기를 들려주는 경우도 있었다. 때로는 벽난로 앞에서 아들 손자들에게 먼 나라 이야기 형태로 건네기도 했다. 그것이 다 어디로 사라졌을까? 이야기를 제대로 할 줄 아는 사람을 눈앞에서 볼 기회가 아직도 있을까? 임종 자리에서 가보처럼 전해 내려오는 유구한 유언을 듣는 집이 아직도 있을까? 속담에서 도움을 구하는 경우는 이제 없어지지 않았을까? 본인의 경험을 내세워 청년들을 움직이려고 하는 경우도 곧 없어지지 않을까?

아니, 없다. 경험지 시세가 땅에 떨어졌다는 것만큼은 확실한 것이다. 1914년에서 1918년 사이, 세계사 최악의 경험지 하나를 얻은 세대에게 생긴 일이었다. 하지만 생각만큼 놀라운 일은 아닌 것 같다. 전쟁터에서 돌아오는 사람들이 말이 없어졌다는 것, 공유될 수 있는 경험지가 더 풍족해진 것이 아니라 더 부족해졌다는 것을 우리는 그때 알 수 있었잖은가? 그로부터 10년 뒤에 전쟁서적의 홍수와 함께 쏟아져 나온 것들은 입에서 귀로 흘러 다니는 경험지와는 전혀 달랐다. 그것은 전혀 놀라운 일이 아니었다. 경험지가 거짓이라는 것이 이렇게까지 근본적으로 까발려진 것은 처음이었다. 전략 영역의 경험지가 거짓이라는 것은 진지전에 의해, 경제 영역의 경험지가 거짓이라는 것은 인플레이션에 의해, 신체 영역의 경험지가 거짓이라는 것은 배고픔에 의해, 인륜 영역의 경험지가 거짓이라는 것은 권력자들에 의해 까발려졌다. 마차철도를 타고 학교에 다닌 세대가 하늘 아래 서 있을 때, 그 풍경 속에서 예전 그대로인 것은 하늘에 떠 있는 구름, 그리고 파괴적으로 쓸어버리고 부숴버리는 힘의 장場 한복판에 서 있는 작고 약한 인간의 몸뿐이었다.

기술력이 이렇게 끔찍하게 발전하면서, 완전히 새로운 가난이 인간을 덮쳤다. 사상적 풍요는 이 가난의 이면이다. 점성술과 요가철학, 기독교 과학과 손금 공부, 채식주의와 영지주의, 학문주의와 정신주의가 부활하면서 이 시대를 짓눌렀다(진짜 부활한 것이 아니라 전기충격이 행해진 것뿐이었다). 이 대목에서 우리는 대도시 한복판의 유령 소동을 그린 엔소르의 훌륭한 채색화들을 떠올릴 수밖에 없다. 카니발 의상을 차려 입은 꼰대 시민들, 허옇게 회칠한 찡그린 표정의 가면들, 금박지로 만든 왕관들의 끝없는 행렬에 거리들이 북적인다. 일단 이런 그림들은 끔찍하게 뒤섞여서 엉망진창이 된 르네상스의 초상인 것 같다 (그 많은 희망이 이런 르네상스에 걸려 있다). 하지만 그의 그림들을 통해 가장 분명하게 알 수 있는 것은 우리가 겪게 된 경험지의 부족함이 어떤 본질적인 부족함의 한 측면에 불과하다는 것이다. 그 부족함이 그의 그림들을 통해 또 한번 이토록 선명하고 정확한 얼굴을 (선명함과 정확함 면에서 중세 걸인들의 얼굴 못지않은 얼굴을) 갖게 된 것이다. 왜 아니겠는가? 우리가 교양 자산을 그렇게 다 가졌다 한들 우리를 그것과 연결해줄 경험지가 없다면 거기에 무슨 가치가 있겠는가? 경험지를 가진 척하거나 남의 경험지를 도용할 때 무슨 일이 일어나는지는 지난 세기에 양식들과 이념들의 끔찍한 잡탕을 통해서 너무나 분명해졌으니, 우리는 우리의 부족함을 인정하는 것을 자랑스러워할 수밖에 없다. 그러니, 자, 인정하자. 우리에게 경험지의 부족함은 개인적 차원의 부족함일 뿐 아니라 인류의 경험지 전반에서의 부족함이다. 아울러 새로운 유형의 야만이기도 하다.

야만이? 그렇다. 여기서 왜 야만을 언급하느냐 하면, 새로 나타난 긍정적 야만의 개념을 소개하기 위해서다. 경험지 부족이 야만인을 어디로 데려가느냐 하면, 원점으로 데려간다. 원점으로 돌아가야 시작할 수 있다. 원점으로 돌아가야 새로 출발할 수 있고, 부족한 상태로 살아갈 수 있다. 부족한 상태가 출발점이 되면, 시선을 좌우로 돌리지 않고도 설계할 수 있다. 뛰어난 창작자들 중에는 책상 위를 깨끗이 비우는 데서 시작하는 인정사정없는 사람들이 늘 있었다. 그들은 말하자면 제도 책상을 원했다. 그들은 설계자들이었다. 데카르트도 그런 설계자였다. 그는 "나는 생각한다, 고로 나는 존재한다"라는 확실성만 남기고는 다 버렸다. 그의 철학 전체가 거기서 나왔다. 아인슈타인도 그런 설계자였다. 갑자기 그는 물리학이라는 넓은 세계에서 작은 모순 하나를 제외한 모든 것에 관심을 잃었다. 뉴턴의 방정식과 천문학 지식 사이의 모순이 그것이었다. 수학자를 본보기로 삼는 입체파처럼 세계를 기하학적으로 구성하는 예술가들이나 엔지니어에서 본보기를 찾는 클레 같은 예술가들도 이렇게 원점에서 다시 시작하기를 추구했다. 클레의 그림은 마치 설계도면에 그려져 있는 듯하다. 좋은 자동차를 만들 때는 차체에서까지 엔진의 성능을 우선적으로 고려하듯, 클레가 사람을 그릴 때는 얼굴 표정에서까지 내부를 우선적으로 고려한다. 여기서 내부는 주관으로서의 내부가 아니라 작동 원리로서의 내부를 뜻한다. 클레가 그리는 사람이 야만성을 띠는 것은 그 때문이다.

 가장 지력 있는 사람들은 이 사실을 이미 곳곳에서 이해하기 시작했다. 동시대에 철저하게 환멸하면서도 동시대에 철저하게 투신한다는 것이 그런 사람들의 특징이다. 공산주의가 부의 공정한 분배가 아니라 결핍의 공정한 분배라고 주장하는 베르톨트 브레히트도 그런 사람이지만, "나는 오직 현대적 감각의 소유자들을 위해 쓸 뿐이다. …… 르네상스나 로코코를 향한 그리움에 야위어가는 사람들을 위해 쓰는 것이 아니다"라고 설명하는 현대 건축의 선구자 아돌프 로스도 그런 사람이다. 과거의 온갖 희생 제물들로 장식된 존귀한 인습적 인간상을 떨쳐내고 현대라는 더러운 기저귀를 차고 갓난아이처럼 앙앙 울어대는 발가벗은 동시대인을 향한다는 점에서는 화가 클레 같은 복잡다단한 예술가나 루스 같은 일목요연한 예술가나 마찬가지다. 발가벗은 동시대인을 그 누구보다 큰 기쁨과 웃음으로 환영한 사람이 파울 셰어바르트다. 그의 소설을 멀리서 보면 베른의 소설과 비슷한 데가 있지만, 사실 두 작가는 극히 대조적이다. 베른의 소설을 보면, 우주선은 늘 그렇게 대단한 데 비해 우주 여행자는 늘 프랑스나 영국에서 고만고만한 연금을 받는 신사 계층이다. 반면에 셰어바르트는 과거의 인간이 관심받고 사랑받을 만한 아주 새로운 존재가 되게 만들려면 이 시대의 망원경, 이 시대의 비행기와 로켓은 어떤 것이어야 할까를 궁리한다. 그 새로운 존재들은 일단 아주 새로운 언어를 사용하고 있다. 그리고 그 언어의 가장 큰 특징은 임의적 구성의 언어를 지향하면서 이른바 자연발생적 언어와 대립한다는 데 있다. 셰어바르트의 소설에 나오는 사람들, 아니 성체들은 그런 언어를 사용할 수밖에 없다. 인간을 닮아야 한다는 인본주의의 원칙에 동의하지 않기 때문이다. 『레사반디오』의 성체들은 페카, 라부, 스판티 같은 이름을 가지고 있다. '레사반디오'는 주인공 성체의 이름이다. 러시아 사람들도 아이들에게 '탈인간화된' 이름을 지어주기를 좋아한다. 그런 이름 중에 혁명의 달을 뜻하는 '옥토버Oktober', 5개년 계획을 뜻하는 '프랴틸레티카Pjatiletka', 항공 관련 단체를 가리키는 '아비아킴Awiachim'도 있다. 언어를 기계적으로 교정하는 것이 아니라 언어를 투쟁에 또는 노동에 동원하는 사례, 언어를 교정해 현실을 묘사하고자 하는 것이 아니라 언어를 동원해 현실을 변혁하고자 하는 사례다.

셰어바르트는 성체들이 (그리고 성체들을 모범으로 삼는 동료 시민들이) 거처로 사용하는 데 적합한 공간을 그리는 일에 가장 큰 가치를 둔다. 그가 그리는 것은 로스와 르코르뷔지에가 뒤이어 지었던 것과 같은 조립이동식 유리철골 건물이다. 유리라는 재료가 괜히 그렇게 단단하고 매끈한 것이 아니다. 유리에는 아무것도 박아둘 수 없다. 그만큼 냉정한 재료다. 유리 제품에는 '아우라'가 없다. 무엇보다도 유리는 비밀의 적이다. 그리고 소유의 적이다. 위대한 작가 앙드레 지드는 언젠가 말했다. "내가 소유하고 싶어 하는 것은 전부 내게 불투명해진다." 셰어바르트 같은 사람들은 왜 유리로 만든 집을 꿈꾸는 것일까? 새로운 가난의 가치를 신봉하는 이들이기 때문일까? 하지만 여기서는 그런 이론을 설파하는 것보다 비유 하나를 드는 것이 나을 듯하다. 1880년대 부르주아의 가정에 발을 들여놓았다고 하자. 이곳의 그 모든 "안락"에도 불구하고, 이곳에서 받게 되는 가장 선명한 인상은 "이곳은 당신과 상관없는 곳이다"라는 것이다. 이곳은 정말이지 당신과 아무 상관없는 곳이다. 주인이 자기 흔적을 남겨놓지 않은 데가 한 곳도 없기 때문이다. 선반에는 도자기 인형들을 올려놓았고, 안락의자에는 커버를 씌워놓았고, 창문에는 커

틈을 달아놓았고, 벽난로 앞에는 방열판을 세워놓았다. 이곳을 최대한 멀리하는 데는 브레히트가 『도시 거주자를 위한 독본』 1편에서 후렴으로 들려주는 멋진 말, "흔적을 지워라!"라는 말이 도움이 된다. 이곳의 주인은 브레히트와는 상반된 태도를 습관화했고, 그러다 도리어 "인테리어"를 최대한 고려하는 생활 습관, 주인 본인에게가 아니라 인테리어에 어울리는 생활 습관을 갖게 되었다. 그렇게 플러시로 아늑하게 꾸며진 방에서 무슨 물건 하나가 손상되었을 때 주인이 보여주곤 했던 어처구니없는 역정을 아직도 목격할 수 있는 사람이라면 누구든 그 점을 이해할 수 있다. 그들은 역정이라는 점차 사멸해가는 감정을 표현하는 데 뛰어난 부류였고, 그들의 역정은 (역정을 내는 방식에서마저) 무엇보다도 자기의 "살아온 날들의 흔적"*을 누가 없애버렸을 때의 반응이었다. 흔적 남기기를 어렵게 만드는 공간을 셰어바르트는 유리를 가지고, 바우하우스는 강철을 가지고 만들어내는 데 성공했다. 셰어바르트의 20년 전 글에 따르면, "지금까지 나온 이야기

---

* 괴테의 『파우스트』의 한 구절 "내 살아온 날들의 흔적은 영겁의 세월이 흘러도 사라질 수 없다Es kann die Spur von meinen Erdentagen nicht in Äonen untergehn"을 염두에 둔 표현이다.

를 보면, 우리는 이제 '유리 문화'를 이야기할 수도 있을 것 같다. 언젠가는 새로운 유리 환경이 사람을 완전히 다른 존재로 바꿔줄 것이다. 지금 당장은 새로운 유리 문화가 너무 많은 적을 만나지 않기를 바랄 뿐이다."

경험지가 부족하다는 말을 사람들이 새로운 경험지를 원한다는 뜻으로 이해해서는 안 된다. 사람들이 원하는 것은 새로운 경험지가 아니라 경험지로부터 자유로워지는 것, 곧 경험지로부터 자유로워질 수 있는 환경이다. 그런 환경에서라면 자기의 부족함을 외적 부족함은 물론이고 내적 부족함까지 자원으로 활용할 수 있을 것이고, 그 자원을 남김없이 거침없이 활용하는 경우에는 거기서 상당히 괜찮은 것들을 뽑아내는 것도 가능할 것이다. 그들이라고 해서 늘 무지하거나 미숙한 것은 아니다. 오히려 정반대라고 말할 수 있을 때가 많다. '문화'니 '인간'이니 하는 모든 것을 퍼먹고 거기에 질려서 피곤한 것이다. 그들은 "여러분이 다들 그렇게 피곤한 이유는 지극히 단순하면서도 지극히 원대한 하나의 계획에 전념하지 않는다는 것 말고는 없다"라는 셰어바르트의 말이 자기에게 해당하는 말이라는 것을 그 누구보다도 어실히 느낀다. 피곤에 뒤따라오는 것이 잠이다. 그날의 슬픔과 낙담을 꿈속에서 보상

받는 경우와 깨어 있을 때는 기력 부족 탓에 영위할 수 없는 그 지극히 단순하면서도 지극히 원대한 삶의 구체적인 이미지를 꿈속에서 보게 되는 경우가 결코 드물지 않은 것은 그 때문이다. 현대인들에게는 미키 마우스의 삶이 바로 그런 꿈에 해당한다. 미키 마우스의 삶은 기술력을 뛰어넘는 데서 한발 더 나아가 기술력을 우습게 만드는 기적들로 가득하다. 여기서 가장 놀라운 점은 그 모든 기적이 기계 장치 없이 즉흥적으로 일어난다는 것, 미키 마우스의 몸이, 그를 지지하거나 박해하는 존재들의 몸이 기적의 장소가 된다는 것, 나무나 구름이나 바다가 기적의 장소가 될 수 있는 것에 못지않게 사람들이 매일매일 사용하는 가구들도 똑같이 기적의 장소가 될 수 있다는 것이다. 여기서는 자연계와 기술력이, 원시성과 편의성이 온전히 하나로 결합되어 있다. 날마다 끝없이 생기는 문제들 앞에서 녹초가 된 사람들, 인생의 목표라는 것은 수단들이 무한히 펼쳐져 있는 원경에서 가장 멀리 있는 소실점 같은 것일 뿐이라고 여기는 사람들, 그런 사람들이 보기에는 이렇듯 모든 국면에서 가장 간단한 동시에 가장 편리한 방법으로 충족되는 삶, 자동차는 밀짚모자처럼 가볍게 날아가고 나무에 열린 과일은 풍선처럼 금방 여물어가는 삶이야말로 구원받은 삶인 것만 같다. 이제 우리는 이런 삶으로부터 거리를 두고 물러나고자 한다.

이제 우리도 가난해졌다. 인류의 유산을 우리가 한 뭉치씩 탕진했다. '현재성'이라는 푼돈을 꾸기 위해 100분의 1 가격에 전당포에 맡겨야 할 때도 많다. 문 앞에 서 있는 것은 경제공황이고, 그 뒤로 그림자를 드리우고 있는 것은 다가오는 전쟁이다. 현상 유지는 극소수의 권력자들에게나 가능한 일이 되었다. 그들이 과연 다수보다 더 인간다울까? 천만에. 더 야만적이다. 물론 긍정적 의미의 야만은 아니다. 나머지는 부족함에 새로이 적응해야 한다. 나머지를 위한 대의는 철저히 새로운 것에 투신하되 분별과 양보를 기반으로 삼는 사람들에 의해 마련된다. 그들의 건축과 그림과 서사 속에서 인류는 문화 소멸 이후의 삶을 준비하고 있다. 여기서 핵심은 웃으면서 준비한다는 데 있다. 그런 웃음소리가 야만적이라고 느껴지는 경우도 있을지 모른다. 상관없다. 어쨌든 개인은 간혹 집단에게 미량의 인애를 떼어주고 싶어 할 것이고, 집단은 언젠가 그 빚을 복리로 갚아줄 것이다.

1933

이야기꾼:
니콜라이 레스코프의 작품에 대한 고찰

[1]

우리는 이야기꾼이라는 이름에서 친숙함을 느끼지만, 이야기꾼이 지금 이 시대에 한창 활동하고 있느냐 하면 전혀 그렇지 않다. 우리에게 이야기꾼이란 이미 먼 존재이자 점점 멀어지고 있는 존재다. 이야기꾼으로서의 레스코프*를 고찰하겠다는 말은 그를 우리 쪽으로 더 데려오

---

* (원주) 니콜라이 레스코프는 1831년에 오룔 지방에서 태어나 1895년에 상트페테르부르크에서 사망했다. 농민계급을 향한 그의 관심과 공감은 톨스토이와 친연적이고, 종교적인 방향성은 도스토옙스키와 친연적이다. 하지만 원칙과 교리를 표명하는 초기 소설들은 그의 저술 중에 가장 단명한 축에 속한다. 레스코프의 의의는 소설보다 이야기에 있고, 그런 작업들은 비교적 후기에 나왔다. 이 이야기들은 1차세계대전 종전 이후 독일어권에 몇 차례 소개되었다. 무자리온 출판사와 게오르크 뮐러 출판사에서

겠다는 뜻이 아니라 그와의 거리를 더 넓히겠다는 뜻이다. 그를 어느 정도 거리를 두고 고찰할 때 이야기꾼으로서의 윤곽이 우세해진다. 다시 말해, 먼 절벽 앞에서 적당한 거리와 적당한 각도를 찾아내면 그 절벽에서 사람 얼굴이나 동물 모양을 볼 수 있듯, 레스코프로부터 적당하게 멀어지면 그에게서 이야기꾼의 면모를 볼 수 있다. 이때 이러한 거리와 각도가 어떤 것이어야 하는가를 일러주는 것은 우리가 거의 매일 얻을 수 있는 경험이다. 이 경험이 우리에게 이야기 기술이 소멸해간다고 말해주고 있다. 이야기를 제대로 할 줄 아는 사람을 눈앞에서 볼 기회는 점점 희소해진다. 모임에서 누가 무언가에 대해 이야기해보자고 할 때 사람들 모두가 당황해하는 경우가 점점 빈번해진다. 남에게 양도될 수 없을 것 같았던 자산, 우리의 안전자산 중에 가장 안전했던 자산, 곧 경험지를 공유하는 능력이라는 자산을 누가 훔쳐가기라도 한 것 같다.

  그 원인 중 하나는 명백하다. 경험지의 값이 땅에 떨어졌기 때문이다. 보아 하니 점점 더 아래로 떨어지고 있다. 경험지의 값이 또 한번 바닥을 쳤다는 것, 외부 세계이 풍

---

1 나은 비교적 작은 선집들과 함께 C. H. 벡 출판사의 9권짜리 선집이 가장 중요하다.

경뿐 아니라 인류 세계의 풍경마저 하루아침에 설마 했던 정도로 변했다는 것이 신문을 볼 때마다 증명되고 있다. 그 과정이 세계대전과 함께 노골화되기 시작했고, 우리는 이제껏 그 과정을 멈춰 세우지 못하고 있다. 전쟁터에서 돌아오는 사람들이 말이 없어졌다는 것, 공유될 수 있는 경험지가 더 풍족해진 것이 아니라 더 부족해졌다는 것을 우리는 전쟁이 끝났을 때 눈치챘잖은가? 그로부터 10년 뒤에 전쟁서적의 홍수와 함께 쏟아져 나온 것들은 입에서 입으로 전해지는 경험지와는 전혀 다른 모습을 하고 있었다. 놀라운 일은 아니었다. 경험지가 거짓이라는 것이 이렇게까지 근본적으로 까발려진 것은 처음이었다. 전략 영역의 경험지가 거짓이라는 것은 진지전에 의해, 경제 영역의 경험지가 거짓이라는 것은 인플레이션에 의해, 신체 영역의 경험지가 거짓이라는 것은 물량전에 의해, 인륜 영역의 경험지가 거짓이라는 것은 권력자들에 의해 까발려졌다. 마차철도를 타고 학교에 다닌 세대가 하늘 아래 서 있을 때, 그 풍경 속에서 예전 그대로인 것은 하늘에 떠 있는 구름, 그리고 파괴적으로 쓸어버리고 부숴버리는 힘의 장場에 서 있는 작고 약한 인간의 몸뿐이었다.

[2]

 입에서 입으로 전해지는 경험지는 예로부터 모든 이야기꾼들의 소재다. 그렇게 이야기를 문자로 기록한 사람들 중에서 단연 최고는 수많은 무명 이야기꾼들의 입말을 최대한 가깝게 살린 사람들이다. 무명 이야기꾼에는 두 부류가 있는데, 물론 겹치는 부분도 많다. 이야기꾼의 형상이 온전하려면 두 부류의 형상이 함께 나타나야 한다. "여행자에게는 들려줄 이야기가 있다"라는 속담에서는 멀리 떠났던 사람이 이야기꾼이다. 하지만 고향에 남아 성실하게 살면서 고향의 민담과 풍속에 정통한 사람이 있다면, 우리는 그의 이야기에도 기꺼이 귀를 기울인다. 두 부류를 대표하는 옛 형상은 각각 정주 농부와 상선 선원이다. 실제로 농부와 선원의 생활 환경에서 이야기꾼의 두 줄기가 나왔다고 할 수 있다. 각 줄기는 수 세기가 지난 지금까지 각각의 특징을 어느 정도 간직하고 있다. 비교적 최근의 독일어권 이야기꾼 중에 헤벨과 예레미아스 고트헬프가 첫 번째 줄기에 속하고, 찰스 셀즈필드와 프리드리히 게르스테커가 두 번째 줄기에 속한다. 하지만, 위에서 말했듯, 각 줄기는 그저 기본형이다. 이야기에서 두 가지 옛 기본형이 심층적으로 상호 삼투하지 않는다면 이야기 영역이 실제로 얼마만큼인지, 역사적으로 어떻게 펼쳐졌는지 논의하기는 불가능하다. 이러한 상호 삼투는 특히 중세 길드를 통해 이루어졌다. 정주 장인과 편력 도제가 같은 업장에서 일했고, 장인은 고향이나 타지에서 정주하기 전까지는 모두 편력 생활을 하는 도제였다. 농부와 선원이 이야기의 길드장이라면, 길드 업장은 이야기의 대학교였다. 긴 여행을 떠났던 사람이 집으로 돌아오면서 가져온 외국 지식과 정주 생활을 하는 사람이 속속들이 알고 있는 과거 지식이 이곳에서 한데 합쳐졌다.

[3]

레스코프는 시간적으로 먼 것들에 정통한 것 못지않게 공간적으로 먼 곳들에도 정통하다. 그는 그리스정교회에 속한 교인이면서 참된 신앙을 중요시하는 사람이었다. 하지만 교단의 관료주의 앞에서는 참된 반대자였다. 세속의 관료 사회와도 잘 지내지 못했으니, 공직을 얻은 적은 몇 번 있었지만 오래 유지했던 적은 한 번도 없었다. 그가 영국의 한 대형 회사의 러시아 지점장이라는 직책을 오래 유지했던 일은 그의 작품 활동에 대단히 쓸모가 있었던 듯하다. 그는 회사 일로 러시아 곳곳을 여행했고, 그런 여행들은 그에게 러시아가 어떤 상황인가를 더욱 잘 알게 해주었을 뿐 아니라 어떻게 처신해야 하는지도 더 많이 알게 해주었다. 그런 여행들은 그가 국내 교파들의 현황에 대해 배울 기회이기도 했다. 이야기들 속에 그 흔적이 남아 있다. 그리스정교회 교단의 관료주의와 투쟁 중이었던 레스코프는 러시아의 성자담에서 동맹군을 발견했다. 그의 작품 중에 의인이 주인공으로 나오는 영웅담 계열의 이야기에서는 금욕주의자가 주인공인 경우는 거의 없다. 주인공은 대개 세상에서 가장 자연스러워 보이는 경로로 성자가 되는 소탈하고 부지런한 사람이다. 신비주의적 고양감은 레스코프의 특기가 아니다. 기적에 몰두하는 경우도 있었지만, 신앙의 기적을 다룰 때도 견실한 성정이 공존한다. 그가 생각하는 이상적 인물은 세속의 사정에 깊이 관여하지 않으면서 세속의 사정에 정통한 사람이다. 그런 태도는 레스코프 본인의 사회생활에서도 드러났다. 29세라는 뒤늦은 나이에 글 쓰는 일을 시작했다는 사실도 레스코프라는 사람과 잘 어울린다. 그의 첫 출간작은 「왜 키예프에서는 책값이 비싼가」였다. 노동자계급에 대한 글, 알코올 중독에 대한 글, 경찰의警察醫에 대한 글, 무직자가 된 상인들에 대한 글도 그의 이야기 작업의 전신前身들이다.

[4]

실용적 이익을 지향한다는 것은 수많은 타고난 이야기꾼들의 공통된 특성이다. 이런 면에서 레스코프보다 더한 예로는 자기 영지의 농민들에게 농법을 조언한 고트헬프, 가스 조명의 위험성을 다룬 찰스 노디에가 있다. 『보물상자』 안에 과학 상식들을 슬쩍 집어넣은 헤벨도 이 부류에 들어온다. 진실한 이야기란 어떤 이야기인가를 일러주는 예들이다. 진실한 이야기는 드러나 있는 쓸모든 감추어져 있는 쓸모든 쓸모가 있는 이야기다. 쓸모는 교훈으로 나타나기도 하고 실무 지침으로 나타나기도 하고 속담이나 생활 수칙으로 나타나기도 하는데, 세 경우 모두 이야기꾼은 조언을 들려줄 줄 아는 사람이다. "조언을 들려줄 줄 안다"는 말이 이제 고리타분하게 들리기 시작했다면, 그것은 경험지의 전달 가능성이 점점 희박해지는 탓이다. 우리 자신에게든 남들에게든 조언을 들려줄 수 없게 되는 것은 그 때문이다. 조언을 들려준다는 것은 질문에 대답하는 것이라기보다 어떤 (한창 펼쳐지고 있는) 이야기의 다음 편에 대한 제안을 내놓는 것이다. 조언을 들려달라고 하려면 먼저 이야기를 들려주어야 한다. (자신이 처한 상황을 언어화할 수 있을 때 비로소 조언을 받아들일 수 있다.) 조언이라는 실로 삶이라는 천을 짠 것이 지혜다. 이야기 기술이 왜 소멸해가는가 하면, 진실의 대서사적 측면, 곧 지혜가 사라지고 있기 때문이다. 이야기가 몰락하기까지의 과정은 일찍이 세속화와 함께 시작되었다. 이것을 그저 "몰락의 현현"으로 보려고 하는 것, 하물며 몰락의 "현대적" 현현으로 보려고 하는 것만큼 어리석은 일도 없을 것이다. 세속사회의 역사 속에서 생산력들이 발전하면서 나타난 부수 현상일 뿐인 이 과정은 살아 있는 언어의 장으로부터 이야기꾼을 서서히 몰아낸 동시에 그렇게 사라져가는 속에서 새로운 아름다움을 느끼게 해준다.

[5]

이야기의 몰락으로 마무리되는 긴 과정이 있었다고 하면, 그 과정의 첫 징후는 근대 여명기에 소설이 부상했다는 데서 찾을 수 있다. 소설은 본질적으로 책에 의존한다는 점에서 이야기와는 다르다(그 점에서 좁은 의미의 서사시와도 다르다). 소설의 확산은 인쇄술의 발명으로 비로소 가능해진다. 서사시의 원료는 구술될 수 있다는 점에서 소설의 원료와는 질적으로 다르다. 소설은 구술 전통에서 온 것도 아니고 구술 전통에 편입될 것도 아니라는 점에서 다른 모든 형식의 산문과 다르다(동화와도 다르고 영웅담과도 다르고 심지어 노벨레Novelle와도 다르다). 무엇보다도 이야기와 다르다. 이야기꾼은 자기 경험이나 들은 경험에서 이야깃거리를 찾는다. 그가 이야기를 들려주면, 그 이야기는 듣는 사람의 경험이 된다. 한편 소설가는 사람들로부터, 사람들의 일과로부터 동떨어져 홀로 있다. 소설의 산실은 고독한 개인, 곧 자기의 가장 큰 관심사를 본이 되는 방식으로 표현하지 못하게 된 개인, 남에게 조언을 들은 적도 없고 그 무엇에 대해서도 조언할 수 없는 개인이다. 소설을 쓴다는 것은 인간의 삶을 묘사할 때 타인과 공유할 수 없는 차원을 극단까지 밀어붙인다는 뜻이다. 소설은 삶으로 그득한 곳에서 그런 그득함을 묘사함으로써 산다는 것이 근본적으로 속수무책임을 일러준다. 『돈키호테』라는 이 장르 최초의 걸작이 바로 가르쳐주듯,

가장 고결한 사람 중 하나(돈키호테)의 아량, 용기, 친절에는 모범적인 데가 전혀 없고, 일말의 지혜도 담겨 있지 않다. 소설에 가르칠 내용을 집어넣으려는 노력은 수 세기 전부터 여기저기서 나타났는데, 그러한 노력은 번번이 소설의 형식으로부터 벗어나는 결과를 초래했다. 『빌헬름 마이스터의 편력시대』는 그러한 노력을 가장 꾸준하게 이어나간 소설이겠지만, 교양소설이 소설의 기본 틀을 벗어나는 법은 없다. 교양소설은 사회적 차원의 '생사의 과정'이 한 사람의 성장 과정을 통해 온전하게 형상화된다고 가정함으로써 '생사의 과정'을 결정하는 사회 질서에 대한 극히 불충분한 정당화를 시도한다. 사회 질서가 정당하다는 가정은 사회 질서의 실상과는 어긋난다. 그런 어긋남을 사건으로 삼는 것이 바로 교양소설이다.

[6]

인간의 의사소통 형식 중 하나가 서사라고 할 때, 서사에 속하는 형식들이 얼마나 서서히 변화했는가를 떠올려 보려면 수천 년간 지표면이 겪어온 변화의 속도를 떠올려 보아야 할 정도다. 인간의 의사소통 형식 중에 가장 서서히 생성되어 가장 서서히 쇠락한 것이 서사에 속하는 형식들, 곧 이야기와 소설이다. 서사에 속하는 형식들 가운데 소설은 일찍이 고대 그리스에서 시작되었지만 그로부터 수백 년이 지나고 나서야 신흥 부르주아계급이라는 최적의 토양을 만나 전성기를 구가할 수 있었고, 이야기 형식은 바로 그 부르주아계급의 발흥과 함께 아주 서서히 과거로 후퇴하기 시작했다. 새로운 내용을 다양하게 담았지만, 그것으로 형식이 새로워지지는 않았다. 한편, 부르주아계급이 패권을 완전히 장악한 지금은 서사에 맞서는 의사소통 형식, 곧 정보 전달이라는 형식이 출현하고 있다(본격 자본주의 시대에 부르주아계급의 패권 유지에 가장 중요하게 기여하는 것이 언론이다). 정보 전달이라는 형식 역시 고대 그리스에서 시작되었다고 할 수 있겠지만, 그동안 정보 전달 형식이 서사 형식에 결정적인 영향을 준 일은 없었다. 그런데 지금은 그런 일이 일어나고 있다. 정보 전달 형식이 이야기 형식에 맞서는 양상은 소설 형식 못지않게 냉담하고 소설 형식보다 훨씬 위협적이지만, 정보 전달 형식으로 인해 가장 큰 위기를 맞는 것은 소설 형식이다.

『피가로』 창립자 빌머상은 뉴스 보도의 본질을 명언으로 정리했다. "나의 독자들에게 더 중요한 일은 마드리드에서 일어난 혁명보다 카르티에 라탱에서 일어난 다락방 화재다"라고 그는 말하곤 했다. 이제 사람들의 관심을 끄는 정보는 먼 일을 다루는 지식 정보가 아니라 가장 가까운 일에 논거를 마련해주는 뉴스 정보라는 것이 이 한 마디로 분명해진다. 먼 일에 대한 지식은 (공간적으로 먼 나라의 지식이든 시간적으로 먼 과거로부터 전해 내려온 지식이든) 정당함의 권위를 누릴 수 있었다. 정당성이 검증되지 않은 경우에도 마찬가지였다. 반면에 뉴스의 요건은 신속히 검증될 수 있어야 한다는 것이다. 무엇보다도 뉴스는 "그 자체로 이해가 되도록" 제공되어야 한다. 뉴스가 정확성 면에서 수백 년 전 지식이 정확했던 것에 못 미치는 경우도 많다. 수백 년 전 지식은 불가사의한 사건에서도 기꺼이 정보를 얻었던 데 비해, 뉴스의 필수 요건은 개연성이다. 뉴스가 이야기의 정신과 모순되는 것은 그 때문이다. 이야기 기술이 드물어졌다면, 그러한 사정에 결정적 역할을 하는 것이 바로 뉴스의 확산이다.

매일 아침 우리는 세계 곳곳의 뉴스 기사를 접한다. 하지만 독특한 사건을 알게 되는 경우는 별로 없다. 우리가 접할 수 있는 사건들은 전부 다 처음부터 끝까지 설명으로 무장하고 있기 때문이다. 표현을 바꾸면, 무슨 일이 일어났을 때, 사람들은 그 일을 거의 정보로 만든다. 그 일을 가지고 이야기를 만들어내는 경우는 이제 거의 없다. 그러니 무슨 이야기를 듣고 그 이야기를 다른 사람에게 다시 들려줄 때 설명을 삼갈 수 있다면 이미 이야기 기술의 절반은 터득한 셈이다. 레스코프는 그런 의미에서 거장이다(「속임수」 또는 「흰 독수리」 같은 글들을 생각해보자). 이례적인 사건, 불가사의한 사건을 매우 정밀하게 들려주면서도 독자에게 사건의 심리적 맥락을 강요하지 않는 이야기들이다. 독자는 자기 나름대로 사건을 이해할 자유를 얻게 되고, 아울러 이야기는 뉴스 보도에 없는 운신의 폭을 얻게 된다.

[7]

레스코프는 소위 '고전 학교'를 나왔다. 고대 그리스 최초의 이야기꾼은 헤로도토스였다. 그의 『역사』 3권 14장에는 많은 가르침을 주는 이야기 한 편이 포함되어 있다. 프사메니투스에 관한 이야기다. 이집트의 왕 프사메니투스가 페르시아의 왕 캄비세스에게 패해 포로로 잡혔다. 포로에게 굴욕을 안겨줄 기회를 노리던 캄비세스는 페르시아군의 승전 행렬이 지나가는 곳에 프사메니투스를 세워놓으라고 지시했다. 그러고는 포로의 딸이 물을 길러 가는 하녀 차림으로 지나가는 것을 포로가 보도록 했다. 모든 이집트인들이 이 장면 앞에서 통곡하고 탄식할 때, 프사메니투스 혼자만 바닥에 시선을 고정한 채 말없이 가만히 있었다. 그러고는 곧 자기 아들이 처형장으로 끌려가는 것을 보게 되었지만, 그때도 가만히 있었다. 하지만 자기 하인 중 하나가 늙고 영락한 모습으로 포로 행렬에 끼어 있는 것을 보았을 때, 그는 두 주먹으로 자기 머리를 내리치는 등 온갖 방법으로 깊은 괴로움을 표현했다.

이야기가 진실하다는 것이 무슨 뜻인지를 위의 이야기가 알려준다. 뉴스 보도가 가치를 가지는 것은 그것이 새로운 정보였던 한 순간이다. 뉴스가 살아 있는 것은 그 순간뿐이다. 전적으로 그 순간에 의지해야 하고 지체 없이 설명되어야 하는 정보가 뉴스다. 이야기와는 다르다. 이야기는 소진되지 않기 때문이다. 힘을 모아 간직하고 있는 것이 이야기이고, 오랜 시간이 흐른 뒤에도 펼쳐질 수 있는 것이 이야기다. 몽테뉴도 이 이야기를 다시 꺼내면서 이집트의 왕은 왜 하인을 본 순간에 비로소 통곡한 것일까 자문했다. 그러고는 "이미 슬픔으로 가득했기에 아주 작은 슬픔이 더해지는 것만으로 인내의 울타리가 무너진 것"이었다고 자답했다. 이것은 물론 몽테뉴의 생각이다. 다르게 생각할 수도 있다. "왕에게 왕족의 운명은 자기 자신의 운명이기 때문에 가족의 운명 앞에서는 감정의 동요가 없었던 것이다"라고. 아니면 "실생활에서는 아무렇지도 않는데 연극으로 보면 슬픈 것들이 많이 있다. 그 하인은 왕에게는 그저 한 명의 배우인 것이다"라고 생각할 수도 있다. 아니면 "심한 고통은 어딘가에 뭉쳐 있다가 긴장이 풀렸을 때 비로소 터져 나온다. 그 하인의 모습은 그렇게 심한 고통은 아니었으니 긴장이 풀렸던 것이다"라고 생각할 수도 있다. 헤로도토스는 아무 것도 설명하지 않는다. 그의 사건 기록은 더없이 건조하다. 수천 년 전에 고대 이집트에서 일어난 이 사건이 수천 년 뒤에도 경악과 성찰을 불러일으킬 수 있는 것은 그 때문이다. 수천 년 전부터 공기가 통하지 않는 피라미드 안에 갇혀져 있어 오늘날까지도 발아력을 간직하고 있는 밀알들과 비슷하다.

[8]

이야기를 좀더 오래 기억하고 있으라고 권하는 가장

좋은 방법은 심리 분석을 하지 않는 것, 설명을 자제하면서 간결하게 이야기하는 것이다. 이야기를 들려주는 쪽이 심리적 설명을 자제하는 데 더 자연스럽게 성공할수록, 듣는 쪽이 그 이야기에 기억의 한 자리를 내줄 가능성은 더 커지고, 그 이야기는 듣는 쪽의 경험지에 더 온전히 녹아들게 되고, 그 이야기를 조만간 다른 사람에게 다시 들려주고 싶은 마음은 더 강해진다. 청자의 심신에서 심층적으로 일어나는 이 흡수 과정은 이완의 상태를 필요로 하는데, 이완 상태에 있을 기회가 점점 드물어지고 있다. 수면이 육체적 이완의 정점이라면, 권태는 정신적 이완의 정점이다. 권태라는 꿈꾸는 새가 경험지라는 알을 품는다. 신문의 바스락 소리는 꿈꾸는 새를 쫓아버린다. 꿈꾸는 새를 깃들게 하는 둥지들, 곧 권태를 부르는 일감들이 도시에서는 이미 사라져버렸고, 이제 시골에서마저 거의 사라지고 있다. 그때 함께 사라지는 것이 귀로 듣고 이해하는 재능이고, 그 재능이 사라질 때 함께 사라지는 것이 귀로 듣고 이해하는 사람들의 공동체다. 이야기를 들려줄 줄 안다는 것은 이야기를 듣고 이해해서 다른 사람에게 전하는 기술을 가지고 있다는 것인데, 이 기술이 사라질 수밖에 없는 이유는 이야기를 듣고 기억에 담아두는 사람들이 이제 없기 때문이다. 이 기술이 사라질 수밖에 없는 이유는 귀로는 이야기를 들으면서 손으로는 베를 짜거나 실을 잣는 사람들이 이제 없기 때문이다. 청자가 이야기에 정신 없이 빠져들수록 이야기는 청자의 기억에 더 깊이 새겨진다. 청자가 노동의 리듬에 침잠한 상태로 이야기를 듣고 있다면, 그것이야말로 이야기 기술을 저절로 얻을 수 있는 듣기 방법이다. 이야기 기술의 바탕이 되는 그물망은 이런 방법으로 짜여 있다. 수천 년 전에 가장 오래된 수작업들을 중심으로 짜였던 그 그물망이 최근 들어 도처에서 사라지고 있다.

[9]

이야기는 오랫동안 수공업장에서 발전한 형식일 뿐 아니라(그런 업장은 농촌과 해상에 있었고, 나중에 도시에도 생겼다), 그 자체로 수공업적인 전달 형식이다. 뉴스 보도가 정보 "그 자체"만을 전달하고자 하는 것과 달리 이야기는 사태를 전달자의 삶 속에 한번 가라앉혔다가 건져 올린다. 그러니 도기에 도공의 흔적이 남듯 이야기에 화자의 흔적이 남는다. 이야기꾼이 어떤 일을 이야기할 때, 본인이 직접 겪은 일인 것처럼 이야기하거나 아니면 자기가 그 일을 알게 된 정황을 묘사하는 데서 시작하는 경향이 있다. 레스코프는 「속임수」를 어느 기차 여행에 대한 묘사로 시작하고(뒷내용은 그가 어느 동승자로부터 들은 이야기다), 「크로이처 소나타의 경우」의 도입부에서는 도스토옙스키의 장례식을 떠올리며(뒤에 나올 이야기의 여주인공을 거기서 알게 되었다는 설정이다), 「흥미로운 남자들」의 도입부에서는 어느 독서 모임을 떠올린다(그때 밝혀진 사건을 이야기한다는 설정이다). 이렇게 그의 이야기들에는 그의 흔적이 남아 있다(직접 겪은 사람의 흔적일 때도 있지만 들은 이야기를 다시 전하는 사람의 흔적일 때도 있다).

이야기 기술이 수공업적이라는 생각은 레스코프 본인도 갖고 있었다. "내게 글쓰기는 예술이 아니라 일종의 수공업"이라고 한 편지에서 말하기도 했다. 그가 실제 수공업에 친밀감을 느끼면서 산업 기술력에 이질감을 느낀 것도 당연하다. 그런 면에 공감했을 톨스토이는 레스코프라는 이야기꾼의 재능에서 바로 이 핵심을 건드린다. 톨스토이에 따르면, 레스코프는 처음으로 "경제적 진보만으로는 안 된다는 것을 가르쳐준 작가다. …… 이상한 것은, 도스토옙스키를 읽는 독자가 이렇게 많다는 것 …… 그런데 왜 레스코프를 읽는 독자는 없는지 나는 잘 이해가 안 간다. 레스코프는 진실에 충실한 작가다". 영웅담과 풍자담의 중간 어딘가에 있는 「강철 벼룩」이라는 노련하고 대담무쌍한 이야기에서 레스코프는 툴라의 은세공업자들이 보여주는 능수능란한 솜씨를 찬양한다. 표트르 1세는 그들의 걸작인 '강철 벼룩'을 본 뒤 러시아인이 영국인 앞에서 부끄러워할 필요가 없다고 확신한다.

이야기꾼을 배태한 수공업 영역의 이미지를 가장 의미심장하게 그려보인 것은 폴 발레리일 것이다. 그는 자연 상태로 완벽한 것들(흠 없는 진주, 잘 익은 와인, 인격적으로 성숙한 사람)을 말하면서 그것들을 가리켜 "같은 작업의 오랜 반복이 낳는 값비싼 작품"이라고 한다. 이런 식의 작업은 언제 끝나느냐 하면, 완성되었을 때 비로소 끝난다. 계속해서 발레리에 따르면, "옛날 사람은 자연의 이런 끈기를 본받았다. 채식필사본, 매우 정교한 상아세공품, 완벽하게 갈고 닦은 준보석, 도료 여러 겹을 얇고 투명하게 칠했을 때 나오는 광택과 색채, …… 이제는 이런 완강하고 유덕한 생업의 산물들이 거의 만들어지지 않는다. 시간이 중요치 않았던 시대는 지났다. 요즘 사람은 짧게 요약될 수 없는 것이라면 육성하려고 하지 않는다." 이야기마저 짧은 형식에 담게 되었다. 우리가 보았듯, 단편소설short story은 구술 전통을 벗어난 형식이다. 이런 형식에서는 도료 여러 겹을 얇고 투명하게 덧칠해나가는 그 느린 과정(여러 겹의 뒷이야기들을 통해 완벽한 이야기를 만들어나가는 과정을 가장 정확하게 보여주는 이미지)이 허용되지 않는다.

[10]

발레리의 고찰은 이렇게 마무리된다. "영원함에 대해 점점 생각하지 않게 되는 것과 오랜 시간이 걸리는 일을 점점 싫어하게 되는 것은 같은 맥락인 듯하다." 영원에 대해 사유하는 데 가장 강한 동기를 제공한 것은 늘 죽음이었다. 그러니 영원에 대한 사유가 사라지고 있다면 그 이유는 죽음의 얼굴이 변한 데 있을 것이라고 추측할 수 있다. 알고 보면 이런 변화는 경험지의 소통 가능성이 축소되면서 이야기 기술이 사라져간 것과 일맥상통한다.

죽음에 대한 사유가 공동체의 정신에서 일상적, 구체적 힘을 발휘하지 못하게 된 것은 수 세기 전부터였다. 이 과정은 시간이 갈수록 점점 더 빠르게 진행되었고, 19세기에는 부르주아 사회에서 만들어진 각종 위생 수칙과 사회 규범, 사적 습관과 공적 관습으로 인해 누군가의 죽는 모습을 아예 안 볼 수 있게 되는 부작용까지 생겼다. 어쩌면 이것은 부르주아 사회에서 생긴 부작용이라기보다 부르주아 사회가 무의식적으로 추구한 궁극적 목적이었을지도 모른다. 개인의 삶에서 죽음이란 옛날에는 공적 사건이자 타에 모범이 될 가장 중요한 기회였다. (죽음을 앞둔 사람의 침대를 왕좌로 그리는 중세 회화들이 떠오른다. 그의 집은 문이 활짝 열려 있고 그 문으로 사람들이 꾸역꾸역 밀려들어온다.) 요즘에 죽음은 살아 있는 사람들의 가시 영역으로부터 점점 멀리 밀려나는 추세지만, 옛날에는 모든 집이, 거의 모든 방이 적어도 한 번은 누군가의 임종 자리였다. (이비사섬의 한 해시계에도 새겨져 있던 '다수의 최후 Ultima multis'라는 시간 감각을 중세에는 공간적으로도 감각할 수 있었다.) 오늘날의 부르주아들은 누군가가 죽는 것을 한 번도 본 적이 없는 집에 거주하고(영원한 신축의 입주자들이다), 때가 되면 상속자들의 손에 이끌려 요양원 아니면 병원으로 들어간다. 누군가가 죽음을 앞두고 있을 때, 그가 가진 지식이나 지혜가, 그리고 무엇보다도 그가 겪은 삶(이야기의 소재)이 처음으로 남에게 물려줄 수 있는 형태를 띤다. 그의 머릿속에서는 그의 평생이 주마등처럼 지나가는데(그가 자기도 모르게 자기 자신이 되었던 장면들이다), 그런 잊지 못할 장면들이 그의 표정과 눈빛을 환하게 밝힐 때, 그와 관련된 모든 것들이 그의 권위를 함께 누린다(아무리 형편없는 악인이라고 해도, 그때만큼은 자기의 임종을 지키러 온 사람들을 상대로 그런 권위를 누리게 된다). 이야기의 기원에는 이런 종류의 권위가 있다.

[11]

죽음은 이야기꾼이 들려줄 수 있는 모든 이야기의 승인 도장이다. 이야기꾼의 권위는 죽음으로부터 나온다. 다른 말로 표현하면, 이야기꾼의 이야기가 돌아가는 곳은 박물학Naturgeschichte이다. 독보적인 이야기꾼 요한 페터 헤벨의 가장 아름다운 이야기 중 한 편인 『보물상자: 온 가족의 친구』의 「뜻밖의 재회」가 이 점을 타에 모범이 될 형식으로 표현하고 있다. 팔룬 광산의 젊은 광부는 약혼녀가 있다. 그런데 결혼식 전날, 갱도에서 작업하던 광부에게 죽음이 닥친다. 그의 죽음 뒤에도 그에게 신의를 지키며 살다가 고령의 노파가 된 그의 약혼녀는 어느 날 황산철에 잠겨 있던 덕에 부패를 피할 수 있었던 시체가 갱도에서 나왔을 때 그가 자기 약혼자임을 알아본다. 이 재회 후, 그녀도 죽음이 오기를 기다린다. 이 이야기 속에서 세월의 흐름을 실감나게 표현해야 했을 때, 헤벨은 이렇게 썼다.

"그동안 포르투갈에서는 리스본시가 지진으로 초토화되었고, 7년전쟁이 지나갔고, 황제 프란츠 1세는 죽었고, 예수회는 해산당했고, 폴란드는 분할당했고, 황후 마리아 테레지아도 죽었고, 슈트루엔제는 처형당했고, 미국은 해방되었지만, 프랑스와 스페인 연합군은 지브롤터를 차지하지 못했다. 터키군은 슈타인 장군을 헝가리의 베테라니 동굴에 가뒀고, 요제프 황제도 마찬가지로 죽었다. 스웨덴의 구스타브 왕은 러시아령 핀란드를 차지했고, 프랑스 혁명과 장기전이 시작되었고, 황제 레오폴드 2세도 마찬가지로 무덤으로 들어갔다. 나폴레옹은 프러시아를 차지했고, 영국군은 코펜하겐을 폭격했고, 농부들은 심고 거두었다. 방앗간에서는 곡식을 빻았고, 대장장이들은 쇠를 두드렸고, 광부들은 지하 탄광에서 갱도를 파나갔다. 하지만 1809년 팔룬에서 광부들은……"

헤벨의 이야기는 이 연감에 묻혀 있다. 자기의 이야기

를 자연의 이야기에 더 깊이 묻어놓은 이야기꾼은 아직 없었다. 이 연감을 잘 읽어보라. 죽음이 일정한 주기로 나타난다. 낫을 든 사신의 행렬이 날마다 정오에 대성당 시계판을 돌 듯.

[12]

특정한 서사 형식을 연구할 때는 그 형식이 역사를 그대로 적은 글과 어떻게 다른가를 다루어야 한다. 그리고 여기서 한발 더 나아가 역사를 그대로 적은 글은 형식상 무심한 글이고, 그 점에서 모든 서사 형식들과 다른 글이라고 생각해볼 수도 있다. 그렇게 생각해본다면, 글로 적혀 있는 역사와 서사 형식들 사이의 관계는 백색광과 분광된 색채들 사이의 관계와 비슷하다고도 할 수 있다. 어쨌든 모든 서사 형식 중에 역사의 백색광을 띠고 나타날 수 있는 형식은 단연 연감인 것 같다. 연감이 이야기의 여러 방식들을 품고 있는 것은 빛띠가 동일색의 명암 단계들을 품고 있는 것과 같다. 연감 편찬자는 역사를 들려주는 이야기꾼이다. 헤벨이 연감 편찬자의 어조를 들려주는 대목을 다시 보면, 역사가(역사를 기록하는 사람)와 연감 편찬자(역사라는 이야기를 들려주는 사람)의 차이점을 쉽게 알 수 있다. 역사가는 자기가 다루는 사건들을 어떻게든 설명해내야 한다. 어떤 경우에도 그것들을 세상사의 견본으로 제시하는 데서 그쳐서는 안 된다. 거기서 그치는 것이 연감 편찬자들이고, 그중에서도 특히 고전적 의미의 연감 편찬자들, 곧 중세의 연감 편찬자들이다(그들은 근대의 역사 기록자들의 선구자들이었다). 그들은 신의 구원 계획이라는 신비로운 계획을 연감이라는 역사 이야기의 토대로 삼음으로써 증거를 들어 설명해야 한다는 부담을 자동으로 떨쳐냈다. 그들은 설명하는 대신 제시했다. 구체적인 사건들을 정확하게 연결하는 대신 그런 사건들을 신비로운 세상사의 큰 흐름에 끼워 맞추었다.

구원의 이야기를 전제하는 세상사든 자연스러운 세상사든 마찬가지다. 연감 편찬자는 바뀐 외형, 이른바 세속화된 외형으로 이야기꾼의 일부가 되었다. 레스코프의 작품은 이를 보여주는 매우 분명한 증거다. 그의 작품 안에서는 구원의 이야기를 지향하는 연감 편찬자와 세속을 지향하는 이야기꾼 둘 다 비중 있게 공존하고 있다. 그가 들려주는 많은 이야기에서는 바탕실이 세상의 흐름을 종교적으로 바라보는 황금실인지 세속적으로 바라보는 오색

실인지 헷갈린다. 예컨대 「알렉산드라이트」는 독자를 어느 먼 옛날로 데려간다.

"그 먼 옛날에는 땅의 품에 안겨 있는 돌들과 하늘에 떠 있는 별들이 사람들의 운명을 돌보았었는데, 요즘에는 하늘에 떠 있는 것들과 땅에 묻혀 있는 것들이 전부 인자人子들의 운명에 무관심해졌다. 그들에게 말하거나 그들의 말대로 해주는 목소리는 이제 어디서도 들리지 않는다. 행성들이 새로 발견되었지만, 그중에 별자리에서 더 무슨 역할을 하는 행성은 하나도 없다. 수많은 암석이 새로 발견되어 각각의 중량과 밀도가 측정되었지만, 그것들이 더 알려주는 것은 아무것도 없다. 그 어떤 이득도 가져다주지 않는다. 별과 돌이 사람들과 대화하던 시대는 지났다."

레스코프의 이 이야기가 잘 보여주듯 세상사를 어느 한쪽으로 규정하기는 거의 불가능하다. 여기서 세상사는 구원의 이야기일까, 아니면 자연의 이야기일까? 여기서 확실한 것은 세상사가 어떤 역사학적 범주에도 포섭되지 않는다는 것뿐이다. 레스코프의 말대로, 사람이 자연과의 조화를 믿을 수 있었던 시대는 지났다. 실러는 세계사에서 그 시대를 가리켜 소박문학의 시대라고 했다. 이야기꾼은 그 시대에 신의를 지킨다. 이야기꾼은 시계판을 도는 피조물의 행렬에서 눈을 떼지 않는다. 죽음은 행렬의 선두에 설 때도 있고 행렬에서 낙오될 때도 있다.

[13]

여기서 논의할 내용은 지금까지 거의 논의된 적이 없었다. 청자가 이야기꾼과 순박한 관계를 맺을 수 있는가는 청자가 이야기의 알맹이에 관심을 갖고 있는가에 좌우된다. 편견 없는 청자에게 가장 중요한 점은 이 이야기가 다른 누군가에게 들려줄 만한 이야기인가다. 기억하는 힘 Gedächtnis은 다른 무엇보다 서사를 짜는 힘이다. 대서사가 한편으로는 사건을 흡수할 수 있으면서 다른 한편으로는 사건의 소멸, 곧 죽음이라는 폭력과 화해할 수 있는 것은 모두 그 완전한 기억 덕분이다. 소박한 사람이 자기가 속한 세계의 지배자를 생각할 때 완전한 기억을 가진 존재라고 생각하는 것은 그리 놀라운 일이 아니다. 레스코프의 이야기에도 나오듯, 어느 소박한 평민이 보는 러시아 황제는 완전한 기억의 소유자다. "황제 폐하와 황가분들은 알고 보면 전부 기억력이 정말 엄청나다"라고 그는 말한다.

고대 그리스인들에게 므네모시네(기억의 여신)는 서사시의 뮤즈였다. 이 이름은 필자를 어느 세계사적 분수령으로 인도해준다. 기억된 기록(서술된 역사)이 다양한 서사 형식들이 보여주는 형식상의 무심함을 대표할 수 있다면(역사가 형식에 무심한 것은 위대한 산문이 운율에 무심한 것과 마찬가지다), 그 기록의 가장 오래된 형식인 서사시는 바로 그런 무심함 덕분에 이야기 형식과 소설 형식을 자기 안에 포괄할 수 있다. 그런데 수백 년 사이에 소설이 서사시의 품에서 빠져나오기 시작했고, 그러면서 서사시의 뮤즈 원리인 기억에 두 얼굴이 있다는 것, 소설에서의 기억과 이야기에서의 기억이 전혀 다르다는 것이 분명해졌다.

기억은 과거에 일어난 일들을 후대로 전하는 전통의 그물을 엮는다. 기억이 서사시의 뮤즈라면, 여기서 서사시는 광의의 서사시를 가리킨다. 광의의 서사시 안에는 다양한 형식의 서사가 포함된다. 그중 첫 번째 자리를 차지하는 것이 이야기꾼의 서사, 곧 이야기다. 이야기꾼이 엮는 그물은 이야기 속에서 일어나는 모든 사건들의 종합이다. 뛰어난 이야기꾼들, 그중에서도 특히 근동의 이야기꾼들은 하나의 사건이 어떻게 또 다른 사건과 연결되는지를 기꺼이 보여주었다. 그 모든 이야기꾼의 머릿속에는 자기가 이야기하고 있는 사건의 모든 대목에서 새로운 사건을 떠올릴 수 있는 셰에라자드가 살고 있다. 이것이 기억이라면 서사를 짜기 위한 기억이고, 이것이 뮤즈라면 이야기를 관장하는 뮤즈다. 광의의 서사시를 관장하는 뮤즈가 있고, 그 안에 협의의 이야기를 관장하는 뮤즈와 협의의 소설을 관장하는 뮤즈가 미분화 상태로 잠재해 있다. 서사시에서 소설의 뮤즈가 감지되는 경우가 아주 없지는 않다. 예를 들어, 호메로스의 서사시에서 뮤즈를 부르는 장엄한 대목이 그렇다. 이런 대목에서 작용하는 기억, 곧 등장인물을 영원히 기리는 소설가의 기억은 청자에게 그때그때 재미를 주는 이야기꾼의 기억과는 반대된다. 소설가가 기억하는 것은 하나의 주인공, 아니면 하나의 여행, 아니면 하나의 전쟁인 데 비해, 이야기꾼이 기억하는 것은 여기저기에 흩어져 있는 수많은 사건들이다. 표현을 바꾸면, 서사시가 와해되고 뮤즈의 기원이었던 기억Erinnerung이 둘로 갈라진 뒤, 기억하고 기리는 일Eingedenken이라는 소설의 뮤즈 원리는 기억하는 힘Gedächtnis이라는 이야기의 뮤즈 원리로부터 한발 멀어졌다.

[14]

파스칼은 "아무리 가난한 사람도 뭔가를 남기고 죽는다"고 한다. 기억도 그중 하나다. 기억에 늘 상속자가 있는 것은 아니지만 말이다. 소설가가 기억의 상속자가 되면 대개 깊은 우울에 빠진다. 아놀드 베넷의 소설에는 누군가가 망자에 대해서 "그 애는 인생을 몰랐어"라고 말하는 대목이 있는데, 이 말이 소설가에게 상속되는 기억의 성격을 한마디로 요약해준다. 이 점과 관련해 게오르크 루카치는 소설에서 "초험적 실향의 형식"을 발견함으로써 우리에게 대단히 중요한 도움을 주었다. 또 루카치에 따르면 소설은 시간을 구성 원리 중 하나로 받아들이는 유일한 문학 형식이다. 『소설의 이론』에 이런 말이 있다.

"시간이 형식의 구성 원리로 작용할 수 있는 때는 초험적 본향과의 연결이 끊어졌을 때뿐이다. …… [따라서] 소설에서는 의미와 삶이 분할되면서 본질과 시간이 분할된다. 소설의 진행 과정 전체가 시간의 힘과의 투쟁일 뿐이라고 해도 과언이 아니다. …… 서사를 진정한 모태로 삼는 희망과 회고라는 시간 체험은 [여기에서 비롯된다.] …… 창조적 회고, 곧 표현의 대상에 영향을 미치고 변형을 가하는 회고는 소설에서만 가능하다. …… 주체가 자기의 삶에서 일관성을 알아볼 때, 다시 말해 나의 과거를 압축적으로 회고하면서 나의 현재가 그 '삶의 흐름'으로부터 비롯되었음을 알아볼 때, [오직 그럴 때만] 주체는 내면과 외부 세계라는 이원성을 극복할 수 있다. …… 삶의 의미가 실현된 것도 아니고 삶의 의미를 말로 표현할 수 있는 것도 아니지만, 인물과 세계의 합치를 알아보는 이해력은 삶의 의미를 예견하고 직관하는 통찰이 된다."

소설의 중심에 '삶의 의미'가 있다는 말은 맞다. 하지만 소설이 '삶의 의미'에 대한 질문이라는 말은 소설의 독자는 등장인물의 삶을 속수무책으로 바라볼 수밖에 없다는 말을 듣기 좋게 바꾼 것에 불과하다. 소설과 이야기는 각각 "삶의 의미"와 "이야기의 교훈"이라는 구호를 내세우며 대립하고 있다. 소설과 이야기라는 두 예술 형식이 그 역사적 위상에서 전혀 다르다는 것을 바로 이 두 구호로 알아낼 수 있다. 소설의 완벽한 모범을 보여주는 첫 작품이 『돈키호테』라면, 그 마지막 작품은 아마도 플로베르의 『감정교육』일 것이다. 삶이라는 잔에 감정이라는 앙금이 가라앉아 있듯 이 소설의 마지막 대목에는 부르주아 시대의 의미가 가라앉아 있다. 한 시대가 자기의 의미를 발견하는 것은 그 시대의 몰락이 시작되는 때다. 어린 시절의 친구 프레데릭과 델로리에가 젊은 날의 우정을 떠올리고 있다. 그러다가 작은 일화 하나를 꺼냈다. 고향 도시에서 어느 날 그 둘은 누가 볼까 겁내면서 유곽으로 들어갔다. 그들이 거기서 한 일이라고는 프레드릭의 집 정원에서 만들어온 꽃다발을 여주인에게 바친 것뿐이었다. "그들이 거기서 나오는 모습이 누군가의 눈에 띄었고, 이 추문은 3년 뒤까지도 사람들의 입에 오르내렸다. 그들은 그때 일을 시시콜콜 나누면서 서로의 기억을 채웠다. 이야기가 끝났을 때 프레데릭이 말했다. '그때가 우리 인생에서 최고의 순간이었을 거야!' 델로리에도 맞장구쳤다. '그래, 맞아! 그때가 우리 인생에서 최고의 순간이었을 거야!'" 이런 깨달음과 함께 소설은 끝난다. 소설이 아니라 이야기라면 이런 식으로 끝나는 경우는 없을 것이다. 사실 어떤 이야기의 끝에서든 "그다음은 어떻게 돼?"라고 질문할 수 있다. 반면에 소설은 끝난 자리에서 단 한 발자국도 벗어날 수 없다. 소설은 맨 뒤에 '끝Finis'이라고 쓴 뒤 독자에게 '삶의 의미'를 생각해보라고 한다.

[15]

이야기를 듣는 사람은 이야기꾼과 동행한다. 이야기를 읽는 사람도 이야기꾼의 일행이다. 하지만 소설의 독자는 혼자다. 다른 어떤 독자보다도 혼자다. (시를 읽는 사람도 들을 사람이 있으면 선뜻 시의 말에 목소리를 내주니까.) 이렇듯 소설의 독자는 고독한 독자라서, 읽은 내용을 혼자 독차지하고 싶어 하는 마음이 다른 어떤 독자보다 크다. 소설의 독자는 읽는 대로 전부 소화시키려고 한다. 읽는 대로 전부 집어삼키려고 한다고도 할 수 있다. 벽난로 불이 장작을 태워 없애듯, 읽어 없애는 것이다. 소설에 흐르는 팽팽한 긴장은 벽난로에 불을 지피고 불길을 살리는 바람의 흐름과 매우 흡사하다.

소설은 독자의 관심을 타오르게 하는 마른 장작이다. 무슨 뜻이냐고? "서른다섯 살에 죽는 사람은 삶의 모든 순간 서른다섯 살에 죽는 사람이다"라고 모리츠 하이만은 언젠가 말했다. 수상하기 짝이 없는 문장이다. 하지만 시제가 틀렸다는 것만 빼면, 틀린 데가 전혀 없다. "누군가가 서른다섯 살에 죽었다면, 그의 삶에서 어느 순간이 기억되든 서른다섯 살에 죽는 사람으로 기억될 것이다"라는 것이 위 문장에 담긴 진실이다. 표현을 바꾸면, 그의 실제 삶에서는 말이 안 되는 문장이지만, 그의 삶을 기억하는 사람에게는 확실히 맞는 문장이 된다. 소설에 나오는 인물의 본질을 이보다 더 잘 표현할 수 있는 문장도 없다. 그의 '삶의 의미'는 그가 죽은 뒤에야 비로소 밝혀진다. 그런데 소설의 독자는 "삶의 의미"를 알게 해주는 사람들을 찾는다. 소설의 독자가 미리 알고 있는 것은 그들이 조만간 어떤 식으로든 죽음을 맞는다는 것뿐이다. 부득이한 경우에는 소설이 끝남과 동시에 비유적 죽음을 맞는다. 하지만 가급적이면 진짜 죽는 편이 낫다. 소설 속에서는 그들이 죽음을 앞두고 있다는 것, 그들이 어떻게 죽는가 언제 죽는가 하는 것이 암시된다. 그들이 언제 어떻게 죽을 것인가, 그것이 소설 내내 독자의 관심을 타오르게 하는 질문이다.

소설이 왜 의미가 있느냐 하면, 우리가 몰랐던 누군가의 운명을 보여줌으로서 어떤 가르침을 주기 때문이 아니라, 그 운명을 태워 없애는 불길 덕분에 우리의 운명에서는 나올 수 없는 열기가 우리에게 전해지기 때문이다. 독자가 왜 소설에 끌리느냐 하면, 독자의 싸늘한 삶을 책 속 누군가의 죽음으로 데워볼 수 있기 때문이다.

[16]

"레스코프는 민중 …… 속에 아주 깊이 뿌리내린 작가 중 하나로, 외국 작가의 영향을 전혀 받지 않았다"라고 막심 고리키는 쓴다. 뛰어난 이야기꾼은 늘 민중 속에, 특히 손으로 일하는 계층에 뿌리를 내린다. 이 계층은 농촌과 해상과 도시의 수작업을 그 경제적·기술적 발전의 다양한 단계에서 아우르는 만큼, 우리가 그들의 경험 재산을 파악하기 위해 사용하는 개념들도 다양한 단계로 나뉜다. (물론 상인들도 이야기 기술의 발전에 결코 적지 않게 기여해왔지만, 유용한 내용을 늘렸다기보다 듣는 사람의 주의를 끄는 기법을 다듬은 듯하다. 『천일야화』 연작에는 그들의 흔적이 깊이 남아 있다.) 한마디로, 이야기가 인류의 경제생활에서 기본적인 요소이기는 하지만, 이야기의 산물들을 일괄적으로 이해할 수 있게 해주는 개념들은 매우 다양하다. 레스코프에게서는 종교적인 개념으로 가장 쉽게 파악될 내용이 헤벨에게서는 자연스럽게 계몽이라는 교육적 관점을 취하는 듯하고, 에드거 앨런 포에게서는 비술문학의 전통 속에서 나타나며, 키플링에게서는 그 최후의 피난처를 대영제국의 선원들과 식민지 주둔군들의 생활공간에서 발견한다. 아울러 뛰어난 이야기꾼들에게는 마치 사다리를 오르내리듯 여유롭게 경험지의 층층을 오르내린다는 공통점이 있다. 아래로는 땅 밑으로 내려가고 위로는 구름 속으로 사라지는 사다리는 한 집단의 경험지를 상징하는 이미지로, 각 개인에게는 가장 근본적인 타격인 죽음도 그 집단의 경험지에는 충격을 주거나 제약을 가할 수 없음을 암시한다.

"오래오래 행복하게 살았어요. 아직 죽지 않았다면 지금도 행복하게 살고 있겠지요"라고 동화는 말한다. 동화는 이야기 형식 속에서 은밀한 사후생을 살고 있다(예전에 인류가 동화에서 최초의 조언을 얻었듯, 지금은 아이가 동화에서 최초의 조언을 얻고 있다). 최초의 진정한 이야기꾼은 예나 지금이나 동화를 들려주는 이야기꾼이다. 유익한 조언이 귀했던 곳에서 그 귀한 것을 들려주는 것이 동화였고, 가장 힘든 상황에서 가장 허물없이 도와주는 것이 동화였다. 상황을 힘들게 만드는 것은 신화였다. 인류의 가슴을 짓누르던 신화의 악몽을 떨쳐내기 위해 인류가 취한 최초의 조치들에는 어떤 것들이 있었을까를 알려주는 것이 동화다. 동화에 나오는 바보는 인류가 신화에 맞서기 위해 "바보 연기"를 한다는 것을 알려준다. 동화에 나오는 막내는 태고라는 신화적 시간으로부터 멀어질수록 인류의 승산이 높아진다는 것을 알려준다. 동화에서 무서움이 뭔지 알기 위해 여행을 떠난 사람은 모르면 무섭지만 알면 무섭지 않다는 것을 알려준다. 동화에 나오는 총명한 사람은 신화가 던지는 질문이 스핑크스의 수수께끼처럼 단순하다는 것을 알려준다. 동화에서 어린아이를 도와주러 오는 동물들은 자연이 신화 쪽보다는 인간 쪽에 더 가깝다는 것을 알려준다. 옛날에 인류가 동화에서 얻은, 그리고 오늘날 아이들이 동화에서 얻고 있는 최고의 조언은 신화 세계의 폭력에 꾀와 흥으로 대처하라는 것이다. (동화에서 Mut[용기]는 변증법적으로 양분되어 Untermut[꾀]와 Übermut[흥]이 된다.) 신화에서의 마법이 자연을 동원하는 데 비해 동화에서의 해방적 마법은 자연과 해방된 인간 사이에 모종의 공모 관계가 있음을 암시한다. 다 큰 어른은 그저 가끔 이 관계를 느끼고, 그럴 때만 잠시 행복하다. 하지만 아이는 동화에서 처음으로 이 관계와 마주치고, 그 안에서 계속 행복하다.

[17]

레스코프만큼 동화 정신과의 깊은 친화성을 보여주는 이야기꾼도 별로 없다. 이는 그리스정교회의 교리가 장려한 경향들과 관련되어 있다. 알다시피 로마가톨릭교회가 폐기한 오리게네스의 만물회복설apokatastasis(모든 영혼이 천국에 간다는 교설)이 그리스정교회의 교리에서 중요한 역할을 하고 있다. 레스코프는 오리게네스로부터 지대한 영향을 받았다. 오리게네스의 저서 『만물의 근원적 원칙들』을 번역할 계획도 가지고 있었다. 러시아 민중신앙의 연장선상에서 레스코프는 부활을 성스러운 변모로 이해하기보다 (동화적 의미의) 마법 해제로 이해했다. 「마법에 걸린 순례자」의 바탕에는 이런 오리게네스적 이해가 깔려 있다. 레스코프의 많은 이야기들이 그렇듯「마법에 걸린 순례자」는 동화와 성자담의 혼종이다. 이런 혼종성은 필자가 논의한 신화와 동화 간 상이성을 에른스트 블로흐가 자기 식대로 자신의 논의에 적용하는 맥락에서 거론하는 동화와 영웅담 간 혼종성과 어딘가 유사한 데가 있다.*
"동화와 영웅담 사이의 혼종성은 일부 영웅담의 가짜 신화로도 나타난다. 이런 영웅담은 끝까지 저주를 내린다는 점과 정체되어 있다는 점에서 신화적이지만, 인간의 선을 넘지 않는다는 점에서 진짜 신화는 아니다. 이런 영웅담에서는 **도교적 인물**, 그중에서도 필레몬과 바우시스 같은 아주 늙은 노인들이 특히 신화적이다. 동화에서라면 주인의 집에서 도망쳐온 인물들이지만, 영웅담의 자연 속에서는 평생 같은 자리를 지키는 인물들이다. 고트헬프의 대단히 희미한 도교 안에도 그런 맥락이 있는 것 같다. 그의 영웅담에서는 저주의 구체적 장소가 사라지고 생명의 빛이 되살아난다. 인간이 가진 생명의 빛이 바깥세상에서처럼 인간의 내면에서도 평온하게 타오른다"라고 블로흐는 말한다. 레스코프의 피조물 행렬을 이끄는 인물들, 곧 의인들은 "동화에서라면 주인의 집에서 도망쳐온 인물들"이다. 파울린, 피구라, 가발공예가, 곰을 돌보는 단원, 사람들을 도와주는 보초 등등이 이야기하는 레스코프를 중심으로 몰려든다. 모두가 총명함, 친절함, 세속적 위안을 구현하고 있다. 그들이 그의 어머니의 이미지로 물들어 있다는 데는 의심의 여지가 없다. 그는 자기 어머니를 이렇게

---

* 벤야민과 블로흐는 한때 친한 친구이자 토론 상대였다. 사이가 멀어진 뒤에는 둘 다 상대가 자기의 생각을 훔치고 있다는 의혹을 품었다. 이 대목에서 벤야민은 블로흐가 자기 글을 참조했을 것이라고 추측하고 있다.

묘사한다. "어머니는 너무 착한 사람이라서 인간에게는 물론이고 동물에게도 해를 끼치지 못했다. 어머니가 고기도, 생선도 먹지 않았던 것은 살아 있는 피조물들에게 그렇게 연민을 느낀 탓이었다. 그때마다 아버지는 어머니를 책망했다. …… 그러면 어머니는 대꾸했다. '…… 내 손으로 키운 애들인데, 내 자식들이나 마찬가지인데, 내 자식들을 먹을 수는 없잖아요.' 이웃집에서 식사할 때도 어머니는 고기를 먹지 않았다. 그때는 이렇게 말했다. '살아 있을 때 만난 적이 있거든요. 아는 사이에요. 아는 사이였던 애를 먹을 수는 없잖아요.'"

의인은 피조물들의 대변자인 동시에 피조물들의 가장 고차원적인 형상화다. 레스코프가 그리는 의인에게는 모성적 측면이 있는데, 때로 이 측면이 강해지면서 신화 맥락으로 넘어가기도 한다(그럴 때 동화 맥락의 순수함이 손상되는 것은 물론이다). 그의 이야기 「부양자 코틴과 플라토니다」의 주인공은 이런 면을 잘 보여준다. 주인공은 피손스키라는 농부인데, 양성인兩性人이다. 그의 어머니는 그를 12년 간 여자아이로 키웠다. 그의 여성적인 면은 그의 남성적인 년과 함께 성장하고, 그의 양성성兩性性은 "신인神人의 상징이 된다". 레스코프는 여기가 피조물이 도달할 수 있는 가장 높은 곳이자 현세와 내세를 잇는 다리가 생기는 곳이라고 본다. 늘 레스코프의 상상력을 사로잡는 이런 인물들은 세속적 권력을 가진 모성적인 남자들로, 가장 강한 힘을 발휘하는 전성기에 성욕에 복종하기를 거부한다. 하지만 그들이 금욕의 이상을 구현하는 인물이냐 하면 그렇지는 않다. 이 의인들의 금욕은 사적인 특성이 거의 없는 금욕이라서, 「러시아의 맥베스부인」에서 이야기꾼이 구현한 고삐 풀린 욕정과는 극단적으로 대립적이다. 파울린과 이 상인 여성이 레스코프의 피조물 서열에서 각각 최상과 최하라면, 레스코프는 최하가 얼마나 밑바닥까지 내려가는지도 측정한 셈이다.

[18]

레스코프가 생각하는 피조물의 세계에서는 의인이 가장 높은 자리에 있고, 무생물이 가장 낮은 자리에 있으며, 그 사이에 여러 단계들이 있다. 그런데 특이한 점이 있다. 여기서 들리는 소리는 레스코프에게는 인간의 음성보다는 자연의 음성에 가깝다. 그의 가장 의미심장한 이야기 한 편의 제목이 바로 '자연의 음성'이다. 지방 순시 중인

사령관을 자기 집에 초대하기 위해 백방으로 노력하는 소도시의 하급관리 필리프 필리포비치가 이 이야기의 중심인물이다. 노력은 성공을 거둔다. 사령관은 처음에는 그의 집요한 초대를 이상하게 여기다가 점차 그를 전에 어디서 본 적이 있다고 믿게 된다. 어디서 봤더라? 기억이 안 난다. 이상하게도 그를 초대한 집주인 쪽에서도 자기 정체를 밝히고 싶어 하지 않는다. 집주인이 매일매일 하는 일은 지체 높은 손님에게 '자연의 음성'을 조만간 반드시 듣게 되리라고 장담하는 일이었다. 그렇게 시간은 흘렀고, 손님이 떠나야 하는 날이 코앞에 닥쳤다. 집주인은 사람들 앞에서 손님에게 그럼 이제 '자연의 음성'을 울리고자 하니 부디 허락해달라고 청했고, 손님은 집주인의 청을 들어주지 않을 도리가 없었다. 손님의 허락이 떨어지자 집주인의 아내가 어디로 가더니,

"크고 번쩍번쩍 윤이 나는 구리 나팔을 가지고 와서 남편에게 건넸다. 건네받은 나팔을 입에 대는 순간, 집주인은 순식간에 다른 사람이 된 듯했다. 그가 볼을 크게 부풀리고 천둥처럼 큰 굉음을 내자마자 사령관이 소리쳤다. '그만! 이제 기억났네. 자네를 어디서 봤는지 알겠어. 사냥연대 군악대에 청

렴한 병사가 있길래 부패한 병참부 관리를 감시하라고 보냈었는데, 자네가 바로 그 군악병이로군.' '그렇습니다. 제가 직접 전하의 기억을 불러내는 대신 자연의 음성을 들려드리고 싶었습니다'라고 집주인은 대답했다."

이 이야기의 깊은 의미가 이런 황당무계함 밑에 숨겨져 있다는 것이 레스코프의 대단한 유머 감각을 엿보게 해준다.

그의 유머 감각은 이야기 속에서 한층 더 의미심장하게 드러난다. 이 하급관리가 "청렴"을 인정받아 "부패한 병참부 관리를 감시하는" 일을 맡게 되었다는 것은 위에서 보았듯 마지막 부분의 깨달음 장면Erkennungsszene에 나온다. 그런데 이 집주인에 대해 알려주는 첫 부분에 이런 말이 있다. "그 마을에서는 그 남자를 모르는 사람이 없었다. 다들 알고 있었듯이 그가 그렇게 높은 자리를 차지한 것은 아니었다. 그는 관청이나 군대에서 한 자리를 차지한 것이 아니라 그저 작은 병참부의 감독자일 뿐이었고, 그 자리에서 쥐들과 함께 국유 건빵과 국유 전투화 밑창을 갉아먹었고 …… 나중에는 아담한 통나무집을 …… 그렇게 야금야금 마련했다." 도둑들과 사기꾼들에 대한 이야기꾼의 전통적 공감이 이 이야기에서 전면화된다는 것을 일러주는 대목이다. 그 공감은 모든 익살문학Schwankliteratur에서 나타나며 예술의 정점까지 동행한다. 헤벨의 모든 등장인물 중에 불쏘시개 프리더, 불쏘시개 하이너, 빨강머리 디터가 헤벨의 가장 충실한 동행자다. 의인에게 '세계라는 극장theatrum mundi'의 주역을 맡기는 것은 헤벨도 마찬가지다. 하지만 그런 주역을 제대로 감당할 수 있는 사람은 없기 때문에 주역의 자리는 이 사람에게 갔다가 저 사람에게 갔다가 한다. 때로는 부랑자가, 때로는 유대인 악덕 상인이, 때로는 얼간이가 그 역할을 맡겠다고 뛰어든다. 늘 임기응변적인 초청공연이고 늘 교훈적인 즉흥공연이다. 헤벨은 결의론자決疑論者이다. 그에게는 지지하는 원칙도 없지만 거부하는 원칙도 없다. 어떤 원칙이든 언젠가 의인의 도구가 될 수 있기 때문이다. 레스코프의 태도도 비슷한 데가 있다. 「크로이처 소나타의 경우」라는 이야기에서 그는 이렇게 말한다. "내 생각의 토대에는 추상적인 철학이나 고매한 도덕이 있는 것이 아니라 실용적인 인생관이 있다. 내 생각이 그런 식이라는 것을 알고 있지만, 그럼에도 계속 그런 식으로 생각하고 싶다." 하지만 레스코프의 세계에서 벌어지는 윤리적 참사와 헤벨의 세계에서 일어나는 윤리적 소동의 관계는 거대하고 소리 없는 볼가강의 강물과 시원한 급류로 물방아를 돌리는 작은 시냇물의 관계와 같다. 역사를 소재로 삼은 레스코프의 이야기들 가운데는 격렬한 감정이 아킬레스의 격노나 하겐의 원한처럼 파괴적으로 작용하는 이야기가 여럿 있다. 이 저자에게 세계가 이렇게까지 무시무시하게 어두울 수 있다는 것도 놀랍고, 왕홀을 움켜쥔 악이 이렇게까지 위풍당당할 수 있다는 것도 놀랍다. 레스코프가 윤리적으로 율법 폐기론에 가까워질 때, 그 바탕에는 모종의 감정이 있었다(레스코프와 도스토옙스키의 공통점은 드물지만, 그 감정이 어떤 감정인지 알고 있었다는 점은 그런 드문 공통점 중 하나일 것이다). 그의 『먼 옛날의 이야기들』에서는 피조물의 자연적 속성이 무분별한 격정 속에 극단으로 치닫는다. 하지만 신비주의자들이 보기에 그 극단적 지점은 철저한 타락이 거룩함으로 둔갑하는 지점이다.

[19]

레스코프가 피조물의 더 아래쪽으로 내려갈수록 신비주의와의 유사성은 더 자명해진다. 뒤에서도 나오지만,

이는 레스코프에게만 해당되는 특징이 아니라 이야기꾼이라는 존재 전반에 해당되는 특징인 듯하다. 이야기꾼이 피조물의 가장 아래쪽인 광물 영역까지 내려가는 일이 흔하지는 않았지만, 레스코프의 이야기 「알렉산드라이트」는 문자가 없었던 시대에 이름 없는 이야기꾼들이 어떤 음성으로 이야기를 들려주었을지 짐작케 해준다. 최근의 이야기문학들 중에서 그 음성의 메아리를 이 정도로 또렷하게 들려주는 것은 많지 않다. 「알렉산드라이트」는 금록석이라는 돌에 관한 이야기다. 돌은 피조물의 세계에서 가장 낮은 곳에 있다. 하지만 이야기꾼에게는 가장 낮은 곳이 가장 높은 곳과 직접 연결되어 있다. 「알렉산드라이트」에 등장하는 이야기꾼에게는 금록석이라는 준보석이 그렇다. 그는 이 돌에서 자기 세계에 닥칠 역사적 사건에 대한 예언을 알아볼 수 있다. 그의 세계는 알렉산드르 2세의 세계다. 그는 정확히 말하면 이야기꾼이라기보다는 이야기꾼에게 필요한 지식을 가지고 있는 보석세공사다. 그의 이름은 벤첼이고, 보석세공의 영역에서 상상 가능한 최고 수준의 기술을 가지게 되었다. 벤첼과 툴라의 은세공사는 레스코프의 이야기에서는 완벽한 공예가 부류, 곧 피조물 세계의 핵심을 아는 부류라고 할 수 있다.

보석세공사 벤첼은 신앙의 화신으로서, 레스코프의 이야기에서는 다음과 같은 모습으로 등장한다.

"알다시피 인공조명을 받으면 붉게 빛나는, 그 알렉산드라이트 반지를 내가 끼고 있었는데, 그가 갑자기 반지 낀 내 손을 잡더니 이렇게 외쳤다. '…… 이런, 러시아의 예언하는 돌이잖아! 시베리아의 교활한 돌! 늘 희망 같은 녹색이었는데, 저녁이 되니까 피로 물들어버렸지. 세상이 생긴 이래로 늘 그런 돌이었지만 오랫동안 땅속에만 묻혀 있었는데, 알렉산드르 전하의 성년식이 있던 그날에는 발견되기를 거부하지 않았지. 그 돌을 찾으러 시베리아까지 간 위대한 마법사가 있었는데……' 내가 그의 말을 가로막으며 이렇게 말했다. '지금 대체 무슨 말씀을 하시는 거예요? 이 돌을 발견한 사람은 마법사가 아니라 노르덴셸드라는 학자였다고요!' 그러자 벤첼은 이렇게 외쳤다. '마법사라오! 분명 말하지만 마법사라오! 이 돌을 보시오! 보면 알지 않소! 여기 푸른 아침과 핏빛 저녁이 있소. …… 이것이 그분의 운명이오! 고귀하신 알렉산드르 전하의 운명!' 벤첼 노인은 이 말과 함께 돌아서서 벽을 마주보더니 팔뚝에 머리를 대고 …… 흐느껴 울기 시작했다."

이 중요한 이야기의 의미에 가장 근접한 표현은 폴 발레리가 전혀 다른 맥락에서 했던 말에서 찾을 수 있다.

그는 한 예술가[카미유 코로]에 대해 고찰한 글에서 "예술가의 관찰은 대상의 거의 신비주의적인 근원에 가닿을 수 있다"라고 쓰고 있다.

> "예술가의 관찰로 조명되는 대상은 이름을 잃는다. 어두운 부분들과 밝은 부분들이 대단히 특수한 방식으로 체계화, 주제화된다. 한 분야의 지식이나 한 종류의 작업으로 그것들을 아우르기는 불가능하다. 오직 그것들을 자기 내면에서 간파하고 재현하기 위해 태어난 누군가의 영혼과 눈과 손의 독특한 화합만이 그것들에게 존재와 가치를 부여한다."

이 글에서 발레리는 영혼과 눈과 손을 서로 연결하고 있다. 하나의 작업은 영혼과 눈과 손의 상호 작용으로 정의된다. 우리에게 이런 작업은 이제 더 이상 익숙하지 않다. 생산 작업에서 손의 역할은 점점 줄어들었고, 이야기를 들려주는 동안 손이 거들었던 자리에는 이제 황무지뿐이다. (감각적인 측면에서 볼 때 이야기를 들려준다는 것은 목소리만의 일이 아니다. 이야기를 제대로 들려줄 때는 손의 도움을 받을 수 있다. 노동으로 노련해진 손동작이 이야기를 들려주는 목소리를 수백 가지 방식으로 도와준다.) 발레리가 영혼과 눈과 손의 협업이라고 표현하는 옛 작업은 이야기 기술에 능통한 작업장에서 이루어지는 수작업이다. 여기서 한 걸음 더 나아가면 이렇게 자문해볼 수도 있다. 이야기꾼이 자기 재료, 곧 인생과 맺고 있는 관계 자체가 수작업적인 것이 아닐까? 이야기꾼의 과제는 경험이라는 원료를 (그것이 타인의 경험이든 자기 경험이든) 견고하고 쓸모 있는 독창적인 방식으로 가공하는 것이 아닐까? 속담이 이야기의 상형문자라고 치면, 그런 가공이 어떤 가공인지를 가장 잘 보여주는 것은 속담인 것 같다. 그렇다면 이렇게 말할 수도 있을 것 같다. 속담은 옛날에 있었던 일들의 폐허이고, 거기서 윤리는 담쟁이가 담에 붙어 자라듯 태도에 붙어 자란다고.

이렇게 본다면, 이야기꾼은 스승과 현자의 부류에 속한다. 이야기꾼의 조언은 몇몇 경우에 적용되는 속담의 조언이 아니라, 많은 경우에 적용되는 현자의 조언이다. 이야기꾼에게는 인생을 전체적으로 아우르는 것이 가능하기 때문이다. (여기서 말하는 인생에는 이야기꾼 본인의 경험 못지않게 다른 사람들의 경험도 포함되어 있다. 이야기꾼은 들어서 알게 된 것도 자기 것으로 흡수할 수 있다.) 이야기꾼의 재능은 자기 삶을 그렇게 살아왔다는 데 있고, 이야기꾼의 명예는 자기 삶의 모든 것을 들려줄 수 있다는 데 있다. 이야기꾼이란 자기 삶이라는 심지를 이야기라는 은은한 불꽃에 남김없이 타버리게 할 수 있는 사람이다. 이야기꾼의 독보적인 분위기는 여기서 나온다. 레스코프도 빌헬름 하우프만큼, 에드거 앨런 포도 로버트 루이스 스티븐슨만큼 이런 분위기를 갖고 있다. 이야기꾼은 의인이 자기 자신을 만나는 자리다.

1936

다른 저자들의 글

침묵과 거울

에른스트 블로흐

자기를 제외한 모든 사람들을 대단히 예리한 시선으로 관찰하는 좀 예민한 친구가 하나 있다. 언젠가 그는 자기와 같은 식탁에 앉은 사람을 잡다한 이유로 책망했는데, 그가 그토록 불쾌해하면서 엄격해지는 모습을 보니 그가 어떤 사람인지 알 수 있었다. 그래서 내가 물었다. 네 앞에 있는 사람이 네 침실을 쓰는 그 사람이라고 치면, 그런데 너는 그 사람과 전혀 모르는 사이라서 순전히 그의 신발과 바지만 보고 평가해야 한다고 치면, 너는 그 사람을 어떻게 평가할 것 같아? 예민한 친구는 입술을 파르르 떨기 시작했다. 이번에는 내가 볼 마음도 없고 볼 방법도 없는 것들이 그에게 보이는 듯했다. 내가 나중에 알게 되었듯, 내 친구의, 그리고 우리 저마다의 어두운 침실을 분명하게 건드리는 한 사건을 헤로도토스가 전해주고 있다. 그 사건은 이런 침실에서 일어나는 사건과는 비교할 수 없을 정도로 장엄하지만, 그럼에도 두 사건은 분명 통하는 데가 있다. 헤로도토스 이후 다른 작가들은 그 사건을 약간 다른 버전으로 압축해서 전해주었는데, 그러면서도 그들은 그 사건이 다음과 같은 은근한 방식으로 전해질 가치가 있다고 여겼다. 이집트 최후의 파라오 프사메니투스는 펠루시움 전투에서 패배한 뒤 적국 페르시아의 캄비세스 황제가 있는 곳으로 연행되었다. 그가 지나갈 때 제일 먼저 딸이 노예가 되어 나타났는데, 그때 파라오는 침묵을 지켰다. 다음에는 형장으로 끌려가는 아들이 나타났는데, 그때도 파라오는 동요하지 않았다. 하지만 자기를 모시던 시종들 가운데 하나가 두 손을 사슬에 묶인 모습으로 나타나자 프사메니투스는 흐느껴 울면서 자기 운명을 매우 과격하게 한탄했다.

나는 자기 외의 모든 사람들을 그렇게도 예리하게 관찰하는 친구에게 물었다. 파라오의 눈물은 왜 터졌을까? 왜 그렇게 늦게 터졌을까? 이 사건이 우리와 관련되어 있다는 것과 이 사건에 주목할 때 매우 유익한 결과가 얻어

지리라는 것은 분명했다. 그토록 멀리서 일어났던 일이 갑자기 우리 저마다의 집, 우리 저마다의 침실에서도 일어나고 있었던 것이다. 일단 가장 단순한 설명은 그때 때마침 그 시종이 나타나는 바람에 이미 가득 차 있던 슬픔의 잔이 흘러넘쳤다는 것이다. 하지만 그럴싸하다고 느껴지기에는 너무 자명해 보이는 설명이었다. 파라오에게 일어난 일이지 아무개에게 일어난 일이 아닌데, 그렇게 단순할 수는 없을 것 같았다. 그렇다면 파라오의 슬픔은 왜 그렇게 늦게 터졌을까. 그 이유는 파라오가 슬픔을 억누르고 있었기 때문이라는 것, 파라오가 그만큼 오만했다는 것이 두 번째 설명의 요지였다. 고통이 시작되는 순간과 고통이 감각되는 순간과 고통이 외부로 표출되는 순간 사이에는 자연스러운 간격이 있는데, 오만한 사람들은 그 간격이 보통 사람들에 비해 훨씬 긴 것 같다. 고통이 끓는 냄비라고 치면, 일상적인 고통이 시작된 경우에도, 냄비 뚜껑을 제때 즉시 덮는 것이 아니라 나중에야 덮게 된다. 다시 말해, 고통이 시작되는 순간과 고통이 감각되기 시작하는 순간은 나중에야 일치한다. 파라오가 그렇게 엄청난 고통을 겪다가 격분에 빠지는 모습은 (이런 시대착오적인 비유를 써도 된다면) 기차가 무언가를 들이

받은 때와 비슷하다. 마음속 칸들이 서로 충돌한 듯 짓눌려 있으니, 아까 본 아들이 종을 본 순간 갑자기 떠오르게 되고, 고통의 곡조는 전혀 어울리지 않는 리듬을 타게 된다. 하지만 그렇게 따지면 파라오의 반응이 다 오만이라는 억압 기제 탓이 되는 만큼, 이런 설명도 그리 좋은 설명은 아닌 것 같다. 파라오의 반응은 매우 특별한 것이었지만, 이 이야기의 독자가 이런 설명을 받아들인다면 여기서 아무 특별함도 느끼지 못할 것이다. 아울러 이런 설명은 종을 너무 사소하게 만들어버린다. 결정적 고통은 뒤늦게, 싱커페이션 리듬을 탄 듯하고, 여기서 종은 그저 리듬이 바뀌는 지점에 불과한 듯하다. 그러니 이렇게 설명하는 것보다는 우리가 저마다 지금 여기에서 처해 있는 어두운 사정이 어떤 특별한 뚜껑의 역할, 음습하게 유야무야하고 침묵시키고 지체시키는 역할을 한다고 설명하는 편이 더 그럴듯하지 않을까? 그러니 어떤 경우에는 우리와 거리가 먼 사람들, 아주 멀리 낮은 쪽, 가장자리 쪽에 있는 사람들이 오히려 우리가 어떤 상태에 있는지를 가장 가까운 사람들보다, 아들딸보다 더 잘 보여주는 거울일 수 있지 않을까? 이것이 세 번째 설명이었다. 파라오의 경우, 그 자신과 그의 아들딸은 그의 혈육으로서 직접적 체험의 영역에 속하고 (딸과는 혈육으로서 대단히 가까운 관계이고 왕위 계승자인 아들과는 그보다 더 가까운 관계다) 따라서 침묵의 영역에 속하는 반면에, 시종은 간접 경험 영역에 속하며 (파라오는 그와 아주 먼 관계지만, 그럼에도 모종의 맥락 속에서 그를 간접적으로 경험할 수 있다) 바로 그런 이유에서 파라오의 침묵을 깨뜨린다. 그런 이유에서 **파라오는 절규한다**. 다른 누군가의 처지, 다른 누군가의 생활 환경이 나와 똑같다는 것을 알게 되었다면, 그 덕분에 내 어두운 존재 감각의 격렬함을 그 모습의 생소함과 연결할 수 있게 되었다면, 비록 내 형편이 그런대로 괜찮다고 해도, 나 역시 파라오처럼 절규했을 것 같다. 다들 그럴 것 같다. 내 형편은 늘 위기에 처해 있으니, 사슬에 묶여 있는 종은 무슨 큰 행동을 하지 않더라도 내 형편을 비추는 거울이 된다. 죽음과 마주한 사람은 행복하겠다는 말을 들을 일이 없다. 거울 속 죽음과 마주한 사람은 더더욱 그럴 일이 없다.

1930

거인들의 장난감: 영웅담
에른스트 블로흐

집이 이토록 고달프지만 않아도 아이가 그렇게까지 눈부신 이야기를 원하지는 않을 것이다. 하지만 이토록 고달픈 아이에게는 동화가 필요하고, 야성적 존재가 필요하고, 여기에서 벗어나게 해줄 눈부신 것들이 필요하다. 하지만 똑같이 야성적인 존재라고 해도, 어떤 책의 주인공은 해방감을 안겨주는 주인공에 비해, 또 생명을 구하는 주인공에 비해 훨씬 준엄하다. 주인으로부터 도망친 어린 영웅이나 가난한 영웅에 대한 이야기 대신 주인의 영웅담을 들려주는 책에서는 늘 그렇다. 이런 이야기에서는 아이가 도망치거나 하지 않는다. 아이가 있는 곳이 주인의 집이라면, 아이의 고민이었고 곤경이었던 마굿간 노동은 아름답게 미화되어 있고, 주인은 형편에 따라서 아이를 죽도록 부려먹거나 조심스럽게 부려먹는다. 이것도 야성이라면 야성이지만, 주인이 휘두르는 야성의 힘은 주인에게서 벗어날 수 있는 힘과도 완전히 다르다.

물론 헨젤도 그레텔을 인도하고 있다. 하지만 헨젤보다 훨씬 큰 존재들이 그레텔을 잘못된 방향으로 인도하고 있다. 그들은 밖에서 얼굴을 창문에 갖다 대고 들여다보고 있거나, 빛나는 얼굴로 언제나 위에서 내려다보고 있다. 이런 것이 **영웅담**의 얼굴이고, 영웅담을 배태하는 것이 바로 이런 옛날 토양이다. 동화와 영웅담은 서로 아주 가까운 것 같지만, 동화에서 펼쳐지는 시대와 영웅담에서 펼쳐지는 시대는 완전히 다르다. 동화가 전제하는 세계와 영웅담이 전제하는 세계도 완전히 다르다. **동화의 세계는 통속물Kolportage에서도 빛나는 세계, 곧 봉기하는 세계인 반면, 영웅담의 세계는 신화Mythos를 물려받은 세계, 곧 운명을 참고 견디는 세계다**. 동화에서는 아이가 봉기하는 데 비해(저주가 내려지기 전에 저주를 해제한다는 의미다), **영웅담**은 바꿀 수 없는 운명에 대한 이야기를 차분하게 들려준다. 영웅담 속 사람들은 무슨 일이 일어나든 아무 저항 없이 감내한다. 그들이 거기서 기대할 수 있는 것은 기껏해야 "보답"이다. 난쟁이를 태워준 사공은 큰 상을 받지만, 태워주지 않은 사공은 병이 난다. 금광을 발견한 광부가 산의 정령이 정한 규칙에 따라 곡괭이를 안쪽으로 집어던진다면 입구는 그대로 열려 있겠지만, 규칙을 어기면 입구가 사라져 들어갈 수 없게 된다. 영웅담에서는 신랑이 '흥'을 억제하지 못한 탓에 바위로 변하기도 하고, 수다스러운 공주가 묵언령을 어긴 탓에 강물로 변하기도 한다. 착한 정령들이라도 본심이 모호할 때가 있고(물의 요정이 그렇고 산의 요정은 더 그렇다), 아니면 변덕스럽게 제멋대로라서, 상대가 저주를 풀어주는 정령이라 해도 상대가 정한 법칙에 절대복종해야 한다. 하지만 정령의 상대는 대개 두려움 많은 농부, 아니면 정령의 장난에 혼비백산하는 악한 백작 부부다. 영웅담에서 가난한 사람이 위기에서 벗어났다면 그 이유는 그가 영리해서도 아니고 그가 찾아낸 방법이 합당해서도 아니다. 그가 위기에서 벗어날 수 있었던 이유는 영주의 조상이 하늘에서 복을 빌어주고 있기 때문이며, 목숨을 건진 기사가 경이롭도록 아름다운 여인의 품에 안긴 채 상을 하사하고 있기 때문이다. 이렇듯 동화는 늘 주인에게 반기를 드는 데 비해 영웅담은 철저히 주인의 평화, 주인의 필요에 복무한다. 알

자스 지방의 영웅담 「거인들의 장난감」을 보면, 이에 관해 많은 것을 알 수 있다. 이 영웅담 속 농부는 (앞치마에 싸여 식탁 위에 놓여 있다) 아무 계책 없이 자기 운명을 그저 견뎌야 하고, 거인은 (아버지인 엄숙한 기사와 장난치기 좋아하는 영애 이렇게 둘이다) 동화 속 거인들과 달리 바보가 아니다. 아버지는 딸에게 농부를 제자리에 갖다 놓으라고 하면서 이렇게 말한다. "농부가 밭에서 일하지 않으면, 우리 거인들이 산꼭대기 바위성에서 뭘 먹고 살겠니." 아울러 영웅담이 어떻게 "기독교화"되었나를 보면, 신화적 평화가 어떤 평화인지, 옛 신화를 평화롭게 따른다는 것이 어떤 것인지에 관해 많은 것을 알 수 있다. 기독교화된 영웅담에서 과거의 초자연적 존재, 곧 과거의 신적 존재가 거할 곳을 잃고 쫓겨나느냐 하면 그렇지는 않다. 기독교도가 된 인간이 그런 존재보다 높아지느냐 하면 그렇지도 않다. 그런 초자연적 존재는 죽은 영주의 유령이 됨으로써 옛날 지위를 유지하거나(이로써 인간은 그런 존재에게 이중의 공포를 느낀다), 새로운 이미지로 창조됨으로써 옛 신화의 초자연적 형벌 체계를 기독교라는 새로운 바탕에서 작동시키거나 할 뿐이다. 일제Ilse 공주가 수다쟁이 시냇물이 되는 것이 기존의 영웅담이라면(옛 신화에서 그녀는 하르츠 산지에 깃든 물의 요정이었다), 음식을 모독한 휘트 부인이 바윗덩어리로 변해버리는 것은 기독교화된 영웅담이다(옛 신화에서 그녀는 티롤 지방을 다스리면서 저주를 내리는 산의 여신이었다). 저주 없는 영웅담은 없다. "기독교적" 영웅담에서는 저주의 초점이 다소 틀어져 있을 뿐이다. 예를 들어 예레미아스 고트헬프(1797~1854)의 영웅담을 보면, 바위산이 된 휘트 부인이 반쯤 신화적인 우박 폭풍으로 잘못을 저지른 하인 울리를 내리친다. 물론 **동화**의 정원에서는 절대 그런 일이 벌어지지 않는다. 당연하다. 위에서 보았듯, 동화란 신화적 권세에 맞서는 꼬마 한스의 영리함, 가난한 군인의 영리함인 데 비해(여기서 신화적 권세는 윤리적 색조를 띠고 있을 때도 있다), 영웅담은 신화에 맞서는 이야기가 아니라 그저 신화의 축소 버전이다. 위에서도 지적했듯, 동화는 **유동적**이다. 언제 승리했는지도, 어디서 승리했는지도 확실하지 않다. 이에 비해 영웅담에서는 사건이 언제, 어디서 일어났는지가 확실하다. 윤리적이라면 억압 기제처럼 윤리적이고, 안정적이라면 연감처럼 안정적이고, 소극적이라면 내용상의 천편일률성을 수용한다는 점에서 소극적인 것이 영웅담이다. 동화에서는 (장르적으로 이와 유사한 인형극에서와 마찬가지로) 경찰은 인간으로 간주되지 않기 때문에 경찰을 상대할 때는 모든 것이 허용된다. 이에 비해 영웅담에서 인간은 주인 있는 물건과 흡사한 존재, 절대 건드려서는 안 될 존재다. 그림 형제의 시대, 반동 세력의 시대에 인간이 정치적인 의미에서 그런 존재였다면, 영웅담에서 인간은 신화적인 의미에서 그런 존재다. 신화의 저주를 해제하기 위한 싸움에서 최초의 승리를 거둔 것이 동화였듯, 지금도 동화는 인간과 가까운 곳, 행복과 가까운 곳에서 신화의 저주를 최종 해제하기 위한 청사진을 그리는 중이다. 예나 지금이나 동화는 영리함과 또렷함을 가지고 신화적 권세에 맞서는 아이의 전쟁담인 만큼, 마지막 동화는 사람의 행복을 이야기하는 동화, 행복을 비추는 거울로서의 동화다. 이에 비해 영웅담은 신화적 저주를 이야기하면서 그 타율적 운명의 매력을 자아낸다. 영웅담은 구질서가 들려주는 유령담이다. 영웅담에 약간의 동화가 섞여 있는 가짜 "포크로어Folklore"는 반동 세력이 자기의 초상을 얻어갈 수 있는 유일한 장소다.* 동화의 세계는 아이들의 마음속에서, 그리고 혁명의 선험적 당위 속에서 살

---

* 저자는 가짜 민담임을 강조하기 위해 "민담Volkstum"이라는 독일어 단어 대신 "포크로어Folklore"라는 영어 단어를 사용하고 있다.

아 있는 데 비해, 영웅담 세계는 이제 수명을 다했다. 영웅담 세계의 한 측면인 불안이 (음지의 불안은 꿈과 광인들을 통해, 영웅의 불안은 반동 세력을 통해) 겨우 살아남아 있을 뿐이다. 그럼에도 불구하고 영웅담의 **주인공들**은 대부분 인간적 존재가 아니다. 그들은 어떤 초자연적으로 주어진 고통을 견디는 프로메테우스 같은 존재가 아니라 (그런 존재는 비극의 주인공이다) 자연의 주인이 되고자 하는 초자연적 존재로서, 영원토록 변함없는 자연의 왕국을 누가 지배할 것이냐를 놓고 다른 초자연적 존재들과 경쟁한다. 요새는 동화와 신화를 짜깁기하는 포크로어가 흔한데 (동화와 신화가 서로 가까워 보이기 때문이기도 하고, 양자가 비슷한 정도로 "자연"과 가까워 보이기 때문이기도 하다), 그런 포크로어에서는 저주의 요소가 남아 있을 뿐 자유의지의 요소는 전혀 남아 있지 않다. 파시스트 본능의 소유자였던 바그너는 동화를 단지 "신화의 축소 버전"으로만 보았고(아들 지그프리트도 아버지의 전철을 밟았고, 엥겔베르트 훔퍼딩크도 「헨젤과 그레텔」을 작곡할 때 바그너의 니벨룽 관현악을 이용했다), 거들먹거리는 반동분자인 루트비히 클라게스 역시 동화에서 그저 "직관적 삶의 아동 버전"밖에 볼 수 없었다. 영웅담이 된 "민담Volkstum"

은 민담이라고는 해도 반동 세력을 위한 짜깁기에 불과하고, 더 심한 경우는 잔혹 영주들과 초자연적 존재들을 위한 거울에 불과하다. 반면에 동화가 된 진짜 민담은 오늘날에도 아이의 마음속에서, 그리고 인간적 행복 속에서 성업 중이다. 한편, 통속물은 기사문학Ritterroman을 계승하는 것이 아니라 기껏해야 기사문학의 모험담을 해방동화에 반입할 뿐이고(모험담은 반입되기 전에 이미 변형되어 있고, 해방동화는 이제 고급동화Groß-Märchen와 저급동화Grob-Märchen로 구분되어 있다), 꼿꼿한 "민중낭만주의Volksromantik"에는 농민 반란이 나올 뿐 기사의 성은 안 나오고, 미신에서 벗어나는 동화가 나올 뿐 미신은 안 나온다. 반동 세력이 내세를 들먹이면서 현세의 불안을 조장할 수 있는 것은 계몽주의가 저주를 해제하면서 내세를 멸망시키지 않은 탓이다.

하지만 영웅담을 듣는 사람이 듣고 싶어 하는 이야기는 주인이 들려주고 싶어 하는 이야기보다는 나은 것이었다. 다시 말해, 그가 듣고 싶어 하는 이야기는 주인공이 깊은 숲속으로 들어가서 저주를 풀어주는 이야기, 구원의 손길이 너무 자비롭다 해도 어쨌든 구원자에 관한 이야기였다. 동화에서 약자였던 유형이 영웅담에서 **생동**

감 있는 강자 유형으로 변통되는 경우까지 있다. 그중에서도 특히 "의적" 유형이 그런 변통을 잘 보여준다. 가난한 민중이 그런 프라 디아볼로* 유형의 실존 인물을 칭송하면서 반쯤은 동화처럼, 반쯤은 영웅담처럼 무용담을 퍼뜨리기 시작했던 것은 프랑스 혁명이 일어나기 한참 전부터였다. 빌헬름 하우프(1802~1827)가 새로 등장한 옛날 동화와 신선한 통속물이라는 귀한 영역에서 난쟁이 무크라는 전형적으로 동화적인 인물과 도적 오르바산이라는 황야의 지배자를 그릴 때도 그렇게 비슷한 색깔로 그린다. 햇빛 아래 반짝이는 유리 조각들을 마치 다이아몬드인 듯 하나하나 주워드는 난쟁이 무크의 빛나는 동경과 전사의 기개로 찰로이코스를 "전율"하게 하는 의적 오르바산의 빛나는 모습은 어딘가 비슷해 보인다. 그런 강한 지배자는 가장 약한 사람들의 복수심과 행복해지고 싶은 마음의 대변자로서 그들을 승리로 이끈다. 일부 유령 영웅담에서는 그런 면이 더욱 강조된다. 돌프 슈테른베르거가 "포

---

* 악마 형제"라는 뜻으로, 저자는 "의적"과 동의어로 사용하고 있다. 프랑스 점령군에 저항한 나폴리의 게릴라 지도자 미켈레 페자Michele Pezza(1777~1806)의 별명으로 유명하다.

겔스베르크의 유령[*]의 예를 통해 보여준 것처럼, 농민들이 힘이 없고 겁이 많은 탓에 무언가를 그저 바라기만 할 때, 초자연적 존재 또는 현지의 강자가 나타나 그들의 바람을 실현해준다(전자가 비상식적 전개, 후자가 불법적 전개임은 물론이다). 동화와 영웅담 사이의 혼종성은 일부 영웅담의 **가짜** 신화로도 나타난다. 이런 영웅담은 끝까지 저주를 내린다는 점과 정체되어 있다는 점에서 신화적이지만, 인간의 선을 넘지 않는다는 점에서 진짜 신화는 아니다. 이런 영웅담에서는 **도교적** 인물, 그중에서도 필레몬과 바우키스 같은 아주 늙은 노인들이 특히 신화적이다(동화에서라면 주인의 집에서 도망쳐온 인물들이지만, 영웅담의 자연 속에서는 평생 같은 자리를 지키는 인물들이다). 고트헬프의 대단히 희미한 도교 안에도 그런 맥락이 있는 것 같다. 그의 영웅담에서는 저주의 구체적 장소가 사라지고 생명의 빛이 되살아난다. 인간이 가진 생명의 빛이 바깥세상에서처럼 인간의 내면에서도 평온하게 타오른다. 영웅담이 권력을 숭배하고 저주를 미화하는 장르라는 인식

---

[*] 블로흐의 『이 시대의 유산』이 출간된 것이 1935년이고, 돌프 슈테른베르거가 『프랑크푸르트 차이퉁』 필진으로 활동한 것이 1934년부터였으니 슈테른베르거의 기사 내용을 가리키는 것일 가능성이 있다.

거인들의 장난감: 영웅담

이 그런 혼종성을 통해 조금이라도 바뀌느냐 하면 그렇지는 않다. 그 반대다. 영웅담의 초자연적 자연이 신화적이라는 점은 동화적 요소와 혼종됨으로써 오히려 더 선명해진다(여기서 동화적 요소는 통속물이라는 장르적 요소일 수도 있고 신비주의라는 내용적 요소일 수도 있다). 하지만 영웅담에서도 사람들끼리 싸울 때가 있고, 영주를 무찌르고 영주의 소유를 빼앗아올 때가 있다. 영웅담에서도 화살이 저절로 방향을 바꿀 때가 있고, 사냥꾼이 자기가 쏜 화살 앞에서 겁에 질릴 때가 있다. 영웅담에서도 하멜른의 쥐잡이 같은 주인공이 나올 때가 있다.* 그런 주인공을 쉽게 이해할 수 있는 것은 단연 아이들이다. 이 기이한 이야기에 대한 한 가지 해석에 따르면, 산속으로 들어갔던 아이들은 나중에 산에서 안전하게 구조되어 먼 곳으로 인도된다. '통속물'은 잘만 활용하면 큰 힘을 발휘할 수 있는 만큼, 신화의 가장 미신적으로 엉킨 부분들을 풀어내는 일은 이번에도 가능할 것이다. 신화를 동화의 확장 버전으로, 동화를 신화의 축소 버전으로 획일화하는 고리타분함은 반동적 낭만주의가 남긴, 최종적으로는 바그너가 남긴 폐습일

---

* 하멜른의 쥐잡이 이야기는 『하멜른의 피리 부는 사나이』라는 제목으로도 알려져 있다. 독일어 단어 쥐잡이Rattenfänger에는 민중 선동자라는 뜻도 있다.

뿐이다. 신화는 이렇게 이어지고 있고, 나치는 동화와 영웅담 사이의 경계를 이렇게 다 무너뜨리고 있다. 그림 형제가 그렇게 단단히 세워놓았던 동화와 영웅담 사이의 경계가 나치에 의해서 이렇게 다 무너지고 있다. 요한 네스트로이(1801~1862)는 이렇게 말한다. "내 눈에는 탕자가 늘 경멸스러웠다. 그가 돼지치기였기 때문이 아니라 집으로 돌아왔기 때문에." 바로 이런 통찰의 뇌관이 『그림 형제 동화집』의 냉철한 정신 속에 있고, 반反영웅담이나 통속물의 도취된 열정 속에 있다. 프롤레타리아 혁명은 "판타지" 문학에 대체로 적대적이지만, 혁명에 필요한 집중력과 다양성이 숨어 있는 곳은 동화와 통속물인 만큼, 그런 문학이야말로 혁명의 병영이 될 수 있다.

1935

마리 모니에의 수예
폴 발레리

 귀한 것들 중에 어떤 것들은 적절한 조건들이 우연히 일치하는 몹시 드문 경우에만 생겨난다. 다이아몬드, 행복, 대단히 정결한 감정이 그런 것들이다. 하지만 그중에 또 어떤 것들은 대수롭지 않은 사건들과 필수적인 지원들의 무수한 축적을 통해 만들어진다. 아주 오랜 시간이 걸리고, 시간이 필요한 것 못지않게 **평온함**이 필요하다. 고급 진주, 깊은 맛이 나는 잘 익은 포도주, 온전히 성숙한 인격은 끊임없이 주어지는 비슷비슷한 이익을 느릿느릿 쌓아나가는 더딘 축재 과정을 연상시킨다. 탁월함을 쌓는 과정은 완벽함에 도달할 때까지 지속된다.

 옛날 사람은 이런 인내를 본받았다. 채식필사본, 상아

세공품, 완벽하게 연마하고 단정하게 조형한 준보석, 도료 여러 겹을 얇고 투명하게 칠했을 때 나오는 광택과 색상, 시인이 다정한 기다림 속에서 기꺼이 완성을 늦추며 무한정 다듬는 소네트. 하지만 이제는 이런 완강하고 유덕한 생업의 산물들이 거의 만들어지지 않는다. 시간le temps이 중요치 않았던 시대le temps는 지났다. 요즘 사람은 요약될 수 없는 것이라면 육성하려고 하지 않는다. 영원함에 대해 점점 생각하지 않게 되는 것과 시간이 오래 걸리는 일을 점점 싫어하게 되는 것은 같은 맥락인 듯하다. 자연의 솜씨 같은 꾸준하고 막연한 솜씨를 발휘해 고귀한 가치를 만들어내는 과정을 우리는 더 이상 감당하려고 하지 않는다. 하고 있는 일로부터 해방되기 위해 많은 에너지를 소모하는 우리 시대에 기다림과 꾸준함은 짐스럽다…….

그런데 이 경이로운 색감의 판넬들을 보자. 이는 살아 있는 자연의 농염한 광채를 닮았다. 나비의 날개에서도, 새의 깃털에서도, 조개껍질에서도, 꽃잎에서도 이런 광채가 난다. 비단실을 물들여서 절묘하게 엮은 가닥들은 회화가 결코 가 닿을 수 없는 강렬함과 우아함을 표현한다. 한 땀 한 땀 은밀하게 직조되는 찬란한 구체성. 피부 표현마저 황홀하다. 어깨와 가슴의 윤곽선은 상상을 초월하는 바느질 솜씨의 달콤한 열매다.

  수예가는 몇 편의 시에서 주제를 골랐다.

  그녀는 고된 수고와 오랜 시간을 아까워하지 않는다. 황금실과 명주실로 이런 아름다운 평면들을 짜내는 데 여러 해가 불살라졌다. 이 은혜롭고 장엄한 작품들 아래에 희생과 역설이 있다. 나 자신에 대한 무관심과 내가 소망하는 것이 아닌 모든 것에 대한 무관심 속에서 누에의 고집과 광신자의 고착적 열망이 결합한다.

1924

『소설의 이론』 중에서

게오르크 루카치

  시간이 형식의 구성 원리로 작용할 수 있는 때는 초험적 본향과의 연결이 끊어졌을 때뿐이다. 황홀경 속에서 무시간의 영역으로 날아올랐던 신비주의자가 유한한 피조물-유기물이라는 이유만으로 시간의 세계로 굴러 떨어져야 하듯, 본질과 뚜렷하게 연결되어 있는 모든 형식은 그런 불가피한 추락으로부터 선험적으로 벗어나 있는 세계를 창조해낸다. 시간을 구성 원리로 삼는 형식은 '본질을 찾아야 한다'는 내용과 '본질을 찾을 수 없다'는 내용으로 이루어진 소설밖에 없다. 여기서 시간은 그저 살아 있을 뿐인 생명체가 현재의 의미에 저항할 때 그 바탕이 되는 원리, 삶이 철저하게 개체화된 비非초험적 형태를 고수하고자 할 때 그 바탕이 되는 원리다. 서사시에서는 의미가 그런 비초험적 형태로 삶에 자리 잡고 있는 만큼, 시간이라는 원리는 폐기되고, 삶은 삶의 형태 그대로 영원으로 흡수된다. 생명체는 쇠락과 죽음의 시간은 망각 속에 남겨둔 채 전성기만을 챙긴 것이다. 반면에 소설에서는 의미와 삶이 분할되면서 본질과 시간이 분할된다. 소설의 진행 과정 전체가 시간의 힘과의 투쟁일 뿐이라고 해도 과언이 아니다.

'환멸의 낭만주의' 소설에서 시간은 파괴의 원리다. 포에지, 곧 본질이 소실될 수밖에 없을 때, 시간은 이런 소실을 초래하는 궁극적인 원인이라는 것이다. 그러니 이런 소설에서는 가치 있는 것들은 모두 실패한 등장인물의 편이고(실패자는 파괴되어가는 동안 쇠잔한 청년의 자격을 얻는다), 잔인한 것들, 분별없이 냉혹한 것들은 모두 시간의 편이다. 승리하는 힘을 향했던 자조가 방향을 바꾸어 패배하는 본질을 향하는 데는, 그 피상적으로 서정적이었던 투쟁을 뒤늦게 정정하고 싶어졌다는 이유 말고는 없다. 이때도 본질의 편에는 젊다는 특징이 있지만, 젊다는 것의 의미가 부정적으로 바뀌게 된다. 이상理想이 한때 형식의 구성 요소처럼 보였던 것은 등장인물이 그때 정신적으로 미숙한 상태였기 때문일 뿐이다. 하지만 어쨌든 이 투쟁에서 가치 있는 편과 무가치한 편이 너무 날카롭게 분할되면, 소설의 구도가 전체적으로 어긋날 수밖에 없다. '삶의 원리'를 실질적으로 부정할 수 있는 형식은 '삶의 원리'를 선험적으로 배제할 수 있는 형식뿐이고, '삶의 원리'를 받아들이지 않을 수 없는 형식에서는 '삶의 원리'가 형식의 긍정적 구성 요소로 들어와 있다. 이런 형식에서 가치 있는 일이 실현되는 경우, '삶의 원리'는 그저 가치 있는 일의 장애물로 작용하는 것이 아니라 애초에 가치 있는 일이 존재하기 위한 전제 조건으로 작용한다.

   시간은 삶을 가득 채우고 있다. 삶이 시간으로 가득 찬다는 것은 곧 삶이 없어진다는 것, 그러면서 시간 자체가 없어진다는 것이지만, 어쨌든 시간은 삶을 가득 채우고 있다. 소설에서 형식을 통해 표명되는 긍정, 소설의 내용이 그렇게 다 슬프고 절망적인 것과는 별도로 소설이라는 형식이 가지는 긍정성은 실패로 돌아간 노력들의 이면에서 약하게 빛나는 까마득히 먼 의미이기도 하지만, 바로 그 다양한 실패와 패배들이 보여주는 삶의 가득함이기도 하다. 소설은 원숙한 남자 어른의 형식이다. 잃어버린 의미의 맹아들과 흔적들을 온 세상에서 찾을 수 있으리라는

『소설의 이론』 중에서

예감, 본질을 파괴하는 적의 잃어버린 본향도 본질의 기사가 잃어버린 본향과 동일하리라는 예감, 의미의 비초험성이 온 세상에서 똑같이 현전하려면 삶에서는 없어져야 하리라는 예감이 소설에서는 위안의 노래가 된다.

소설의 숭고하고 서사적인 포에지는 이렇듯 시간에 올라탄다. 시간이 이렇듯 거스를 수 없는 존재감을 확보함에 따라 시간의 구체적 흐름에 맞서는 일, 시간의 예상치 못했던 흐름을 선험의 둑으로 제어하는 일은 그 누구에게도 불가능해진다. 하지만 어떤 체념의 감각, 이 모든 것들은 어디서 흘러올 수밖에 없고 어디로 흘러갈 수밖에 없다는 감각, 이것들이 이런 방향으로 흐른다는 것에 어떤 의미가 있는지는 전혀 알 수 없지만 어쨌든 흐름의 방향은 존재한다는 감각은 내내 실감된다. 이런 남자다운 체념의 감각으로부터 생겨나는 시간 체험은 행동을 불러일으키는 체험이자 행동으로부터 불러일으켜지는 체험이라는 의미에서 서사를 진정한 모태로 삼는, 곧 희망과 회고라는 시간 체험이다. 희망은 삶을 살기 전에 삶을 하나의 흐름으로 일람하는 시간 체험이고 회고는 삶을 살고 나서 삶을 일람하듯 파악하는 시간 체험이며, 그런 의미에서 둘 다 시간의 체험인 동시에 시간의 극복이다. 이런 시간 체험을 낳는 시간 속에서는 삶을 사는 순간의 소박하게 좋은 체험이 결핍될 수밖에 없겠지만, 다시 말해 이런 시간 속에서의 체험은 주관과 성찰의 감옥에서 벗어날 수 없겠지만, 그럼에도 이런 시간 체험은 의미를 파악하면서 형태를 부여하고 있다는 감각을 절대로 놓치지 않는다. 신이 버린 세계에서 삶에게 주어질 수 있는 체험 중에 본질과 가장 가까운 것이 이런 체험이다.

이런 시간 체험이 플로베르의 『감정교육』을 지탱하고 있다. '환멸의 낭만주의' 유형의 다른 대작 소설들이 끝내 실패했던 것은 이런 시간 체험을 포함시키지 못했기 때문이며, 시간에 대한 부정적 인식이 피상성을 벗어나지 못했기 때문이다. 얼핏 보면 이 유형의 모든 대작들 가운데 짜임새가 가장 부족한 것이 『감정교육』인 것 같다. 외부의 실재가 잡다한 부분들, 썩어가는 부분들, 조각난 부분들로 허물어지지만 그것들을 하나로 통일하려는 시도는 전혀 보이지 않고, 부분들이 결합력을 잃고 뿔뿔이 흩어져 있지만 그런 파편성을 서정적 묘사로 보완하려는 시도 또한 전혀 보이지 않는다. 실재의 부서진 조각들이 저마다 그렇게 냉담하게, 지리멸렬하게, 제각각으로 병치되어 있을 뿐이다. 게다가 『감정교육』에서는 등장인물의 수를 줄

이고 일관성 있는 줄거리를 짜거나 중심인물의 단연 뛰어난 인격을 강조하거나 하는 방식으로 중심인물을 중요하게 부각시키려는 의도 또한 전혀 보이지 않는다. 주인공의 삶이 내적으로 파손된 정도는 그의 주변 인물들에 못지않다. 주인공의 내면에는 주변 인물들의 하찮음에 대처하는 데 필요할 서정적 또는 냉소적 감정력感情力이 전혀 없다. 그럼에도 이 소설은 소설 형식 그 자체의 모든 문제들을 고려할 때 19세기 소설 중 가장 모범적이다. 내용상으로는 구제불능으로 절망적이지만, 진실한 서사적 객관성을 얻게 된 (이를 통해 형식상의 긍정성을 얻게 되고 어떤 가동 중인 형식의 긍정적인 힘을 발휘할 수 있게 된) 유일한 소설이 『감정교육』이다.

그런 식의 긍정을 가능하게 하는 것이 시간이다. 시간의 강하고 부단한 흐름은 균일하지 않은 것들을 균일하게 만드는 통일의 원리로서, 제각각의 조각들을 전부 어떤 관계 속에 가져다 놓는다(그것이 이루 말할 수 없이 무리한 관계인 것은 물론이다). 사람들의 혼란스러움에 질서를 부여해주는 것, 사람들의 혼란스러움에 자력으로 생동할 수 있는 생명체의 외양을 입혀주는 것이 시간의 흐름이다. 등장인물들이 아무 가시적인 의미 없이 떠올라 서로 관계를 맺기도 하고 다시 끊기도 하다가 아무 의미도 가시화하지 못하고 가라앉는 것은 사실이다. 하지만 시간이 그렇게 의미와 무관한 생성과 소멸의 흐름으로서 사람들이 나타나기 전부터 있었고 사람들이 사라진 뒤에도 있을 것이라고 해도, 등장인물들이 그런 흐름 속에 그저 내던져져 있는 것은 아니다. 그런 흐름 속에 있는 등장인물들은, 무슨 일이 일어났는지 또는 어떤 심리인지와는 무관하게, 거기서 그렇게 존재함이라는 고유의 속성을 부여받게 된다. 등장인물이 처해 있는 현실이나 심리 상태는 늘 우발적이라고 해도, 그 바탕에는 어떤 일관성이 실제적으로, 체험적으로 존재한다. 그런 유일하고 일회적인 '삶의 흐름'이 바탕에 있다는 분위기가 조성되어 있기만 하다면, 등장인물의 체험은 벗어날 수 없을 것 같았던 우발성을 벗어나게 되고, 등장인물에게 일어나는 사건은 벗어날 수 없을 것 같았던 고립성을 벗어나게 된다.

『감정교육』에서는 소설의 시간성이 구체성과 유기성을 띰에 따라 모든 인물들을 포함하는 '삶 전체'가 역동성과 생동성을 띤다. 다시 말해, 인물의 세대를 구분하고 세대별 행동의 사회사적 일관성을 가정하는 이 소설의 시간성은 나중에 관념적으로 재구성되는 추상적 개념이 아니라, 예컨대 『인간 희극』 전체의 시간성 같은 것이 아니라, 그 자체로 실재하는 모종의 연속성이다. 이 소설에서 '삶 전체'가 삶의 진실한 이미지일 수 있는 이유는 삶의 모든 가치체계가 규제적 이념의 차원을 넘어서지 않기 때문이다. 다시 말해, 삶에 비초험적으로 내재하는 이념은 삶으로 존재해야 한다는, 살아야 한다는 것뿐이다. 이 살아야 한다는 이념은 한편으로는 진실한 이념체계, 인물의 이상이 된 이념체계가 얼마나 멀리 있는지를 더 두드러지게 만들지만, 다른 한편으로는 그 모든 노력의 실패를 덜 절망스럽게 만든다. 일어나는 일은 하나같이 의미 없고 망가져 있고 한스럽지만, 그것들이 늘 희망으로 또는 회고로 빛난다는 것 또한 사실이다. 여기서 희망은 삶으로부터 격리된 추상적 예술작품 같은 희망도 아니고, 삶에 실패하는 탓에 굴욕과 모욕에 시달리는 희망도 아니다. 여기서 희망은 그 자체로 삶의 한 부분인 희망, 삶에 밀착하기도 하고 삶을 꾸며내기도 하면서 삶을 감당해내고자 하지만 때마다 삶으로부터 튕겨 나올 수밖에 없는 희망이다. 이 부단한 투쟁은 회고를 통해서 모종의 흥미롭고 신비로운 여정으로 바뀌는데, 신비로운 여정이라고는 해도, 이 투쟁을 체험하고 있는 현재의 순간과 끊어지지 않는

실로 연결되어 있는 여정이다. 이 여정은 현재의 순간에 가까워졌다가 현재의 순간을 지나 점점 멀어진다. 하지만 현재의 순간이 이 여정을 의식적으로 조망할 때, 이 여정의 풍성한 의미가 지난 일들과 망한 일들에게까지 공유되는 것은 물론이고, 모르고 지나친 일들까지 체험의 가치를 부여받게 된다. 여기에 묘하고 우울한 역설이 있다. 실패한 순간이 가치 있는 순간이라는 역설, 삶의 결핍에 대해 성찰하고 그러한 결핍을 체험하는 것이 삶의 충만함을 솟아나게 하는 수원이라는 역설이 그것이다. 작품의 내용은 철저한 의미 없음이지만, 작품 그 자체는 실재하는 '삶의 전체성'의 풍성하고 온전한 충만함을 성취한다.

『감정교육』의 기억은 이런 점에서 본질적으로 서사시적이다. 극에서 과거는 (그리고 서사시에서도 과거는) 아예 존재하지 않거나 철저하게 현재 속에서만 존재한다. 다시 말해, 극과 서사시에서는 시간이 흐른다는 의식이 없고, 과거의 체험과 현재의 체험 사이에 그 어떤 질적 차이도 없다. 시간이 바꿀 수 있는 것은 아무것도 없다. 시간이 흐른다고 해서 뭔가가 더 중요해지거나 덜 중요해지지는 않는다. 아리스토텔레스가 설명하는 전형적인 개안 장면들이 극 형식의 맥락에서 어떠한 의미가 있는가를 보면, 주인공은 그 장면을 통해 모르고 있었던 과거를 알게 되는 만큼, 그렇게 달라진 세계 속에서는 그가 처신하는 방식 또한 달라질 수밖에 없겠지만, 그 장면에서 새로 나타난 과거는 현재와 똑같은 선명함을 고스란히 간직하고 있다. 극에서 과거와 현재는 전적으로 동질적이고 전적으로 등가적이다. 시간이 흘러도 아무것도 달라지지 않는 것은 서사시에서도 마찬가지다. 서사시 『니벨룽의 노래』에서 크림힐트와 하겐이 '그 무엇도 잊지 못한다'는 것은 극 형식에 정확하게 부합하는 전제인 만큼, 크리스티안 프리드리히 헤벨(1813~1863)은 『니벨룽의 노래』를 극으로 각색할 때 이 전제를 그대로 차용할 수 있었다. 서사시 『신곡』의 등장인물들도 모두 마찬가지라서, 지금 그가 대화를 나누고 있는 단테가 그의 현재이고 그가 이제 죽어서 오게 된 이 형벌의 장소 또는 은총의 장소가 그의 현재이듯 그가 과거에 살았던 현세의 생생함도 똑같이 그의 현재다. 반면에, 서정시의 과거 체험에서 과거의 본질은 이제 달라졌다는 데 있다. 서정시가 표현해내고자 하는 대상은 무시간적 진공 속에 있거나 시간이 흘러간 듯한 분위기 속에 있을 뿐이어서, 서정시가 그 대상을 알지는 못한다. 다시 말해, 서정시는 회고의 과정이나 망각의 과정을 표현할 뿐이고, 대상은 체험의 계기일 뿐이다.

창조적 회고, 곧 표현의 대상에 영향을 미치고 변형을 가하는 회고는 소설 형식, 또는 일부 소설적인 서사 형식들에서만 가능하다. 이런 기억은 '삶의 과정'의 체험을 긍정하는 기억이라는 점에서 서사라는 형식에 적합하다. 서사 형식에서 주체가 자기의 개체적 삶에서 일관성을 알아볼 때, 다시 말해 나의 과거를 압축적으로 회고하면서 나의 현재가 그 '삶의 흐름'으로부터 비롯되었음을 알아볼 때, 주체는 내면과 외부 세계라는 이원성을 극복할 수 있다. 이원성이 이번 방식으로 극복되었을 때, 다시 말해 주체가 대상과 접촉하고 대상을 창작했을 때, 회고라는 시간 체험은 서사 형식의 구성 요소가 된다.

'환멸의 낭만주의' 유형의 소설이 가짜 서정성, 감정적 상태에 불과한 서정성을 노출할 때, 그런 식의 서정성을 가장 심하게 노출하는 것은 대상과 주체를 뚜렷하게 분할하는 식의 회고 체험이다. 이런 식의 회고는 과거에 실제로 있었던 대상과 주체에 의해서 이상화된 대상의 이미지 사이의 불일치를 파악할 때 현재적 주관의 입장에서 파악한다. 이런 소설에서 받게 되는 불쾌한 인상은 표현된 내용이 절망스럽다는 사실에서 비롯된다기보다는 그런 불일치가 형식 안에 그대로 남아 있다는 사실, 곧 체험의 대상은 극 형식의 법칙들을 따르고 있는데 대상을 체험하는 주체의 차원은 서정시 형식에 머물러 있다는 사실에서 비롯된다.

극 형식, 서정시 형식, 서사 형식에 대한 사유에는 언제나 모종의 위계 관계가 수반되지만, 세 형식은 변증법의 정, 반, 합 같은 것이 아니라 저마다 세계 표현 양식의 하나로서 서로에 대하여 철저하게 이질적이다. 그러니 긍정적 작품이라는 말은 해당 형식의 양식화 법칙을 이행한 작품이라는 뜻이다. 삶을 긍정한다는 것은 작품의 분위기 같지만, 삶을 긍정하는 작품이라는 말은 실은 해당 형식으로 인해 야기되는 불일치를 해소한 작품이라는 뜻, 해당 형식 내부에서 실체화된 내용을 긍정하는 작품이라는 뜻이다.

소설 세계의 객관적 구조가 모종의 전체를 보여줄 때, 그 전체는 규제적 이념에 의해 규정되어 있을 뿐인 잡다한 전체, 의미를 포기한, 무의미한 전체일 뿐이다. 그러니 소설 형식이 모종의 전체를 요구할 때 그 요구를 이행하는 최선의 방법은 주관적으로 구성적이면서 객관적으로 성찰적이라는 회고 체험의 역설 속에서 인물과 세계를 합치시키는 것이다. 주체가 그렇게 자기 자신에게로 회귀하는 모습을 가시화하는 것이 회고 체험이라면, 그런 회귀를 예견하고 당부하는 것은 희망 체험이다. 주체가 그렇게 자기 자신에게로 회귀한다는 말은 끝내지 못한 일, 그만둔 일, 내팽개친 일이 전부 다 뒤늦게 완결이 난다는 뜻이다. 인물이 그런 회귀를 체험할 때의 감정 상태는 그렇게 외부 세계와 연결되고 삶의 전체성과 연결됨으로써 서정성을 극복할 수 있고, 그런 회귀 체험에서 인물과 세계의 합치를 알아보는 이해력은 그렇게 대상의 맥락을 끌어옴으로써 실증적 분석의 수준을 넘어설 수 있다. 삶의 의미가 실현된 것도 아니고 삶의 의미를 말로 표현할 수 있는 것도 아니지만 그럼에도 삶의 모든 행동들이 삶의 의미를 중심으로 삼는다는 것은 분명해진 상황에서, 그런 이해력은 삶의 의미를 예견하고 직관하는 통찰이 된다.

1916

슬픔에 대하여
미셸 드 몽테뉴

나는 슬픔을 느끼지 않는 편이다. 슬픔을 애호하거나 존중하지도 않는다. 그러나 슬픔을 떠받드는 것이 세상 관행인 것 같다. 지혜를, 미덕을, 양심까지 슬픔으로 장식한다. 어울리지 않는 흉한 장식이다. 이 단어에 악의라는 의미를 담은 이탈리아인들의 명명법이 더 어울린다.* 슬픔은 유해한 감정, 광적인 감정이기 때문이다. 스토아학파 철학자들이 학생들에게 슬픔을 느끼지 말라고 하는 이유 역시 슬픔이 그런 비겁하고 저열한 감정이기 때문이다.

하지만 이집트의 왕 프사메니투스에 관한 이야기를 들

* 슬픔은 프랑스어로 tristesse다. 이탈리아어 tristezza에는 악의라는 뜻이 있다.

어보자. 그는 페르시아의 왕 캄비세스에게 패배하여 포로가 되었다. 역시 포로가 된 딸이 여종 차림으로 물을 길러 가는 모습을 눈앞에서 보았을 때, 그는 곁에 서 슬피 우는 친구들과는 달리 아무 말 없이 무표정하게 땅만 내려다볼 뿐이었다. 아들이 처형장으로 끌려가는 모습을 보았을 때도 그는 여전히 무표정했다. 하지만 곁에 두었던 하인 하나가 포로로 끌려가는 것을 본 그는 자기 손으로 자기 머리를 세게 내리치면서 통곡하기 시작했다.

이 이야기를 우리가 최근에 알게 된 우리 쪽 대공의 이야기와 비교해볼 수도 있다. 트렌토로 떠나 있던 중에 온 집안의 기둥이자 자랑거리였던 손위 형제가 죽었다는 소식을 듣게 되고 그 직후에 온 집안의 두 번째 희망이었던 손아래 형제까지 죽었다는 소식을 듣게 된 대공은 두 소식의 무거움을 의연히 타의 모범이 되게 견뎌내고 있었건만, 그로부터 며칠 뒤에 자기 하인 하나가 죽자 이 마지막 사건으로 자제심을 잃은 대공은 의연함을 팽개치고 슬픔과 후회에 빠져들었으니, 그 모습에서 혹자는 대공의 폐부를 찌른 사건은 마지막 사건뿐이라고 주장하기도 했다. 그러나 진실은 그것이 아니라, 이미 슬픔으로 가득했기에 아주 작은 슬픔이 더해지는 것만으로 인내의 울타리가 무너진 것이었다. 앞의 이야기도 그런 뜻일 수 있다는 생각이 들지만, 이어지는 이야기가 있다. 캄비세스가 프사메니투스에게 묻는다. 자녀의 운명 앞에서 그토록 의연하다가 하인의 불행 앞에서 인내심을 잃은 모습을 내보이다니 무슨 까닭인가. 그는 대답한다. 눈물을 가지고 표출할 수 있는 것은 이 마지막 괴로움뿐이라고. 다른 두 괴로움은 그 무엇으로도 표현할 수 없다고.

고대 그리스 화가가 아름답고 죄 없는 처녀 이피게니아를 제물로 바치는 의식에 참여한 인물들을 그릴 때도 마찬가지였다. 화가는 이피게니아의 죽음이 인물에 영향을 미치는 정도에 비례해 인물이 느끼는 슬픔의 강도를 표현하려고 했는데, 이피게니아의 아버지를 그리기 시작했을 때 이미 그의 표현력은 바닥 나 있었다. 결국 화가는 그 정도로 깊은 슬픔은 결코 표현할 수 없다는 듯 얼굴이 가려지게 그리는 수밖에 없었다. 시인들이 일곱 명의 아들을 잃고 곧이어 일곱 명의 딸을 잃은 불행한 어머니 니오베를 떠올려야 했을 때도 마찬가지였다. 우리가 감당할 수 있는 한계를 넘어서는 일이 벌어질 때 우리에게 닥쳐오는 그 무감각 상태, 눈앞이 캄캄해지고 말문이 막히고 아무 소리도 들리지 않는 그 상태를 표현하기 위해 시인들은 니오베가 그렇게 엄청난 불행을 겪다가 끝내 돌로 변한다고 상상했다.

    Diriguisse malis.
    고통에 못 이겨 돌이 되었다.[*]

실제로 너무 큰 슬픔을 겪고 있는 동안, 예를 들어 아주 나쁜 소식을 듣고 충격에 빠져 있는 동안, 그렇게 마비 상태에 빠진 영혼은 전혀 움직일 수 없게 된다. 하지만 그렇게 깜짝 놀라거나 겁에 질리거나 고통에 짓눌려 온몸이 마비된 듯한 상태가 지나가면 이완의 상태가 온다. 그렇게 눈물과 신음이 흘러나오기 시작하면, 결박당했던 영혼이 새로 태어나 조금씩 편안해지면서 원래의 모습을 되찾는 듯하다.

    Et via vix tandem voci laxata dolore est.
    그는 간신히 목소리를 되찾고 슬픔을 표현할 수 있게 된다.[**]

---

[*] (엮은이주) 오비드, 『변신』, VI, 304.
[**] (엮은이주) 베르길리우스, 『아에네이드』, XI, 151.

페르디난트 왕이 헝가리 요한네스 왕의 미망인을 상대로 전쟁을 일으켰을 때, 한 전투에서 한 병사가 엄청나게 큰 활약으로 모두의 눈길을 끌었다. 크게 칭송받았으나 끝내 애도받기까지 그가 누구인지 아무도 몰랐다. 독일인 대장 라이샤크는 그렇게 희귀한 용맹에 특히 큰 감명을 받았다. 병사의 주검이 옮겨지자 대장 역시 누구인지 알고 싶은 흔한 호기심에 끌려 주검에 다가갔다. 죽은 병사의 갑옷이 벗겨졌을 때, 대장은 자기 아들을 알아보았다. 그 후 다른 사람들은 더욱 크게 슬퍼했다. 하지만 대장은 말 한마디 없이 눈 한번 깜빡이지 않고 꼿꼿하게 서서 자기 아들의 주검을 뚫어져라 응시했다. 그는 결국 그렇게 슬픔의 격함에 생명의 기운을 모두 빼앗기고 뻣뻣이 바닥에 쓰러져 죽었다.

견딜 수 없는 열정을 표현하고 싶어 하는 연인들은 이렇게 말한다.

Chi puo dir com' egli arde é in picciol fuoco
뜨겁다고 말할 수 있는 자는 그다지 뜨겁지 않은 것[*]

[*] (엮은이주) 페트라르카, 『소네트』, 137.

또는 이렇게 말한다.

misero quod omnes

Eripit sensus mihi. Nam simul te,

Lesbia, aspexi, nihil est super mi

Quod loquar amens

Lingua sed torpet, tenuis sub artus

Flamma dimana, sonitu suopte

Tinniunt aures, gemina tegentur

Lumina nocte.

나 얼마나 비참한가! 나 아무 감각이 없다! 레스비아, 당신을 본 순간, 나, 생각이 안 되고, 말문이 막히고, 혀가 마비되고, 온몸이 불타오르고, 귀에서 종소리가 들리고, 눈앞이 캄캄한 밤이 된다.[*]

그러니 열정이 가장 생생하고 뜨거울 때는 탄식의 말이나 확신의 말을 하기에 적절한 상태가 아니다. 그럴 때 영혼은 어두운 상상에 짓눌리고 육체는 사랑에 아파하고

---

[*] (엮은이주) 카툴루스, LI.

괴로워한다. 그러니 사랑에 빠진 사람이 그렇게 때에 맞지 않게 실패하는 일이 생기는 것이고, 그 얼음 같은 실패가 열락의 한복판에서 더없이 뜨거운 힘으로 그를 엄습하는 일이 생기는 것이다. 아무리 대단한 열정이라 해도, 그것을 감지하고 이해하는 것이 가능하다면 보통 수준의 열정일 뿐이다.

Curae leves loquuntur, ingentes stupent,
작은 슬픔은 수다스럽고, 큰 슬픔은 말이 없고,[*]

뜻밖의 기쁨이 닥쳐오는 것도 충격적이기는 마찬가지다.

Ut me conspexit venientem, et Troia circum
Arma amens vidit, magnis exterrita monstris,
Diriguit visu in medio, calor ossa reliquit,
Labitur, et long vix tempore fatur.
트로이의 무기들로 무장한 내가 다가오는 것을 본 그녀는 그 경이로운 징조에 전율하면서 얼어붙었다. 모든 체온이 그녀

---

[*] (엮은이주) 세네카, 『히폴리투스』, II, iii, 607.

의 팔다리에서 빠져나갔고, 그녀는 실신한 듯 바닥으로 쓰러지더니 한동안 한마디도 하지 못했다.*

칸나이 전투에서 패배하고 거의 전멸당한 군대에서 무사히 살아서 돌아온 아들을 보고 너무 기쁜 나머지 그 자리에서 쓰러져 죽은 로마 여성처럼, 소포클레스와 참주 디오니시우스는 기쁨에 못 이겨 세상을 떠났다. 코르시카에 가 있던 탈바 역시 로마 원로원이 그에게 내려준 영예를 알리는 편지를 읽다가 그대로 죽었다. 우리 시대에도 그런 경우들이 있다. 교황 레오 10세는 교황군이 밀라노를 탈환했다는 그토록 고대하던 소식을 들은 뒤 얼마나 격렬하게 기뻐했던지 열병에 걸려서 죽었다. 인간의 미련함을 보여주는 더 중요한 증거로는, 고대인들이 이미 눈여겨보았던 바, 변증가 디오도루스는 학당에서 가르치던 중에 누군가의 공개 반론을 논박하는 데 실패하자 극도의 수치심에 사로잡혀 현장에서 즉사했다.

나는 이런 격한 감정들을 거의 느끼지 않는다. 나는 예민하지 않은 통각을 타고났고, 그것을 더 딱딱하고 단

---

* (엮은이주) 베르길리우스, 『아에네이드』, III, 306-310.

단하게 하고자 매일 변론하기를 거르지 않는다.

『역사』 중에서
3권 14장
헤로도토스

프사메니투스가 캄비세스에게 정벌당한 것은 이집트의 왕으로 즉위하고 고작 여섯 달 만이었고, 그가 어떤 재목인지 궁금했던 캄비세스는 그에게 성문 밖 관람석에 앉아 있으라는 명령을 내렸다. 프사메니투스는 캄비세스가 자기에게 치욕을 안겨주기 위해 준비한 볼거리를 다른 이집트인 아버지들과 함께 지켜볼 수밖에 없었다. 첫 번째는 그의 딸이 노예 차림새로 물동이를 머리에 이고 물을 길러 가는 모습이었다. 다른 젊은 여자들이 같은 차림새로 함께 지나갔다. 모두 높은 집안의 딸들이었다. 딸들은 아버지들이 지켜보고 있는 곳을 지나가면서 통곡했고, 딸들이 그런 치욕을 당하는 모습을 본 아버지들은 (프사메니투스를 제외한 모두가) 딸들 못지않게 큰 소리로 통곡했다. 다만 프사메니투스는 한 번의 시선으로 상황을 파악하고는 말없이 바닥만 내려다보았다. 물동이를 인 딸들이 지나간 뒤, 캄비세스의 아들이 또래 청년 2천 명과 함께 나타났다. 입에는 재갈을 물고 목에는 밧줄을 두른 채 형장으로 끌려가는 모습이었다. 멤피스의 미틸레네인 전사자 한 명당 이집트 귀족 열 명이 죽어야 한다는 판결에 따라 사형을 당할 아들들이었다. 프사메니투스는 그들이 지나가는 것을 지켜보았다. 그것이 죽음의 행렬이라는 것을 알고 있었다. 그와 함께 앉아 있던 다른 이집트인들은 또 한번 통곡하면서 온갖 방법으로 괴로움을 표했지만, 그의 반응은 앞서 딸을 보았던 때와 똑같았다. 그렇게 청년 행렬까지 지나간 뒤, 아마시스의 아들인 프사메니투스가 다른 사람들과 함께 앉아 있던 성문 밖의 그 자리를 한 늙은 남자가 우연히 지나게 되었다. 그 남자는 한때 왕의 친구였고 왕과 겸상하는 사이였지만, 이제 전 재산을 빼앗기고 거지가 되어 병사들에게 구걸을 하고 다니는 신세였다. 프사메니투스는 그를 보자 통곡하기 시작했다. 그의 이름을 불러대다가 자기 머리를 내리치면서 괴로워했다. 행렬이 지나갈 때마다 프사메니투스가 정확히 어떻게 행동했는가를 캄비세스에게 보고해야 하는 보초들이 그 근처에 서 있었고, 그들에게 들은 이야기에 깜짝 놀란 캄비세스는 프사메니투스에게 전령을 보내 어찌하여 그리 행동했냐고 물어보도록 했다. "당신이 섬겨야 하는 캄비세스가 당신이 그리한 까닭을 묻노라. 딸이 치욕당하고 아들이 형장으로 끌려가는 것을 보았을 때는 탄식 한 번 없고 눈물 한 방울 없다가, 거지를 보면서 그렇게 격하게 괴로움을 표하다니, 그자는 당신의 혈육도 아닌 것 같던데 그런 자에게 그런 영광을 안겨주다니, 왜 그리한 것인가?" 답은 이러했다. "키루스의 후계자여, 내가 당한 고통은 눈물로 달래지기에는 너무 심한 고통이었지만, 대단히 돈 많고 복 많은 삶을 살다가 노년의 문턱에서 거지 신세로 전락한 친구가 당하는 곤경 앞에서는 눈물을 흘리는 수밖에 없는 것이외다."

답을 들은 쪽에서는, 듣고 보니 과연 그렇다고 인정했다. 그 자리에 있던 페르시아인들이 눈물을 흘렸듯, 캄비세스의 이집트 원정에 합류했던 크로이소스도 나중에 듣고 눈물을 흘렸다. 캄비세스마저 약간의 연민을 느낀 듯, 답을 듣자마자 프사메니투스의 아들에 대한 형 집행을 취소하라는 명령을 내렸고 성문 밖에 있는 프사메니투스

『역사』 중에서

를 자기 앞에 대령시키라는 명령도 내렸다. 이집트인들이 전하는 이야기다.

『보물상자: 온 가족의 친구』 중에서

요한 페터 헤벨

「뜻밖의 재회」

오십여 년 전에 스웨덴의 팔룬에서 한 젊은 광부가 젊고 예쁜 약혼녀에게 뽀뽀하면서 말했다. "성녀 루치아 축일이 오면, 우리의 사랑이 목사의 축복을 받게 되는 거야. 그렇게 남편과 아내가 되어 우리만의 작은 가정을 꾸리는 거야." 아름다운 약혼녀는 사랑스러운 미소를 지으면서 말했다. "평화와 사랑이 거하는 가정을 꾸리자. 나한테는 당신밖에 없어. 당신은 나의 전부야. 세상에 당신이 없다면 나는 차라리 죽는 게 나아." 그런데 성녀 루치아 축일을 앞두고 교회에서 목사가 "두 사람이 결혼하면 안 될 이유를

댈 사람, 여기 누구 있습니까" 하고 2차 혼인 공지를 했더니, 죽음이 이의 신청을 했다. 청년이 다음날 아침에 검은 광부복을 입고 그녀의 집 앞을 지날 때는 어김없이 그녀의 창문을 두드리면서 아침 인사를 건넸건만(광부는 늘 상복 차림이다), 저녁 인사는 영영 건네오지 않았더라는 것이다. 그는 광산에서 영영 돌아오지 않을 터인데도 그녀는 결혼식 날 그의 목에 매줄 검은 네커치프를 붉은 단으로 장식하는 헛된 바느질을 그다음 날 아침에도 계속했다. 하지만 그는 영영 돌아오지 않았으니, 그녀는 바느질을 그만두었고, 그를 위해 울었고, 그를 한시도 잊지 않았다.

  그동안 포르투갈에서는 리스본시가 지진으로 초토화되었고, 7년전쟁이 지나갔고, 황제 프란츠 1세는 죽었고, 예수회는 해산당했고, 폴란드는 분할당했고, 황후 마리아 테레지아도 죽었고, 슈트루엔제는 처형당했고, 미국은 해방되었지만, 프랑스와 스페인 연합군은 지브롤터를 차지하지 못했다. 터키군은 슈타인 장군을 헝가리의 베테라니 동굴에 가뒀고, 요제프 황제도 마찬가지로 죽었다. 스웨덴의 구스타브 왕은 러시아령 핀란드를 차지했고, 프랑스 혁명과 장기전이 시작되었고, 황제 레오폴드 2세도 마찬가지로 무덤으로 들어갔다. 나폴레옹은 프러시아를 차지했고, 영국군은 코펜하겐을 폭격했고, 농부들은 심고 거두었다. 방앗간에서는 곡식을 빻았고, 대장장이들은 쇠를 두드렸고, 광부들은 지하 탄광에서 갱도를 파나갔다.

하지만 팔룬에 사는 광부들은 1809년 성 요한 축일을 전후로 300엘레* 지하에서 두 수직갱 사이의 연결 통로를 파나가다가 무너진 토사와 황산 사이에서 한 청년의 시신을 파냈는데, 시체 전체가 황산철에 잠겨 있고 따로 부패하거나 변형된 부분이 전혀 없어서, 죽은 지 한 시간밖에 안 된 사람인 듯, 아니면 일하던 중에 깜빡 잠에 든 듯, 그의 생김새와 나이를 한눈에 알아볼 수 있었다. 그는 그렇게 지상으로 옮겨졌지만, 아버지와 어머니, 친구들과 지인들은 이미 죽은 지 오래 전이라, 잠자는 청년을 안다는 사람이나 그의 불행한 사고에 대해서 안다는 사람이 아무도 없었다. 그럴 때 나타난 사람이 언젠가 갱에 들어갔다가 영영 나오지 않은 광부의 옛 약혼녀였다. 늙고 쪼그라든 모습으로 지팡이를 짚고 나타난 그녀는 약혼자의 모습을 알아보았다. 그녀가 사랑했던 이의 시체 앞에 쓰러졌던 것은 고통스러워서라기보다 기쁨에 겨운 탓이었다. 그녀는 한

---

* 1엘레가 약 66cm이므로 300엘레는 약 20m 정도 되는 길이다.

『보물상자: 온 가족의 친구』 중에서

동안 이어진 마음의 격동을 겨우 가라앉히고 이렇게 말했다. "이 사람은 내 약혼자야. 이 사람을 위해 50년간 상복을 입고 살았더니, 하나님이 이렇게 마지막으로 한번 보게 해주시네. 결혼식을 여드레 앞두고 땅속에 들어갔다가 여태 안 나오고 있었거든." 거기 있던 사람들은 모두 눈앞의 장면에 비애를 느끼고 눈물을 흘렸다. 과거의 예비 신부는 이제 쇠하고 힘없는 노인인데, 예비 신랑은 아직 젊은 아름다움을 간직하고 있었고, 예비 신부였던 노인의 가슴 속에서는 50년 전의 젊은 사랑이 다시 불타오르고 있었다. 그러나 그는 입을 열어 웃어주지도 눈을 떠 알아봐 주지도 않았다. 그녀는 그의 유일한 연고자였고 광부들은 그를 그녀의 작은 방으로 옮겼다. 교회 묘지에 그의 무덤이 마련될 때까지 그가 있을 곳이었다. 다다음 날 교회 묘지에 무덤이 준비되어 광부들이 그를 데리러 왔을 때, 그녀는 작은 상자에서 붉은 장식단이 달린 검은 비단 네커치프를 꺼내 그의 목에 매준 다음, 그날이 그의 장례식 날이 아니라 그녀의 결혼식 날인 듯 한껏 차려 입은 모습으로 동행했다. 광부들이 그를 교회 묘지에 내려놓을 때, 그녀는 말했다. "춥겠지만 우리 신방에서 잘 자고 있어. 하루에서 열흘 사이니까 너무 지루해하지는 말고. 내게 남은 일은 이제 얼마 안 되니까 그거 처리하고 금방 올게. 그날이 또 며칠 앞으로 다가왔구나. 땅은 한번 돌려준 것을 또다시 가져가지는 않겠지." 자리를 뜨다가 마지막으로 한번 주위를 둘러보면서 그녀는 말했다.

1811

「칸니트퍼스탄」

사람은 암스테르담에서는 물론이고 에멘딩엔이나 군델핑엔에서도 마음만 먹는다면 세상일의 무상함에 대해 고찰할 기회를 매일 얻을 수가 있고, 주어진 운명에 만족할 기회도 매일 얻을 수가 있다. 수많은 비둘기구이가 머리 위를 날아다니고 있는 것은 아니더라도 마찬가지다. 극히 이상한 에움길을 통해 깨달음에 도달하는 경우도 있다. 언젠가 한 독일인 도제는 암스테르담에서 오해를 통해 진실을 깨닫는다는 것이 무엇인가를 보여주었다. 그가 화려한 저택들, 항구의 선박들, 분수한 사람들로 가득한 그 대단한 상업도시에 도착했을 때 그의 눈을 곧장 사로

잡은 것은 한 채의 저택이었다. 투틀링엔에서 암스테르담까지 편력하는 내내 그렇게 크고 아름다운 저택을 여태껏 한 번도 본 적이 없었던 것이다. 그 호화로운 건물을, 지붕 위의 굴뚝 여섯 개와 아름다운 돌림띠와 높은 창문을 그는 오랫동안 경탄스러운 눈으로 바라보았다. 그 집 창문 하나가 그의 고향 본가 대문보다 컸다. 결국 궁금증을 참지 못한 그는 한 행인에게 말을 걸었다. "여보게, 창가에 튤립, 향기별꽃, 비단향꽃무가 가득한 저기 저 너무 아름다운 집의 주인 되는 분은 이름이 어떻게 되나?" 하지만 그 행인에게는 더 중요한 할 일이 있었던 것 같고, 안타까운 일이지만 그가 알아들은 독일어는 질문한 사람이 네덜란드어를 알아듣는 딱 그만큼이었으니 (다시 말해 전혀 못 알아들었으니) 그는 짧고 퉁명스럽게 "칸니트퍼스탄 Kannitverstan"이라고 말하고는 가던 길을 갔다. 이 말은 네덜란드어이고 잘 보면 한 단어가 아니라 세 단어[kan niet verstaan]이며, 독일어로 "Ich kann Euch nicht verstehen", 즉 "당신 말이 무슨 말인지 못 알아듣겠다"라는 뜻이다. 하지만 이 선량한 외지인은 자기가 들은 단어가 자기 질문에 대한 대답이라고 믿었다. 그는 "칸니트퍼스탄이라는 분은 엄청난 부자인가 봐"라고 생각하고는 가던 길을 갔다. 그는 이

골목 저 골목 돌아다니다가 에이Ey라는 항구까지 갔다. 독일어로 윕실론[Y]이라는 뜻이다. 선체들과 돛대들이 끝없이 늘어 서 있었으니 그도 처음에는 어떻게 눈 두 개만으로 이 모든 특별한 것들을 관찰하고 고찰해야 할지 처음에는 알 수 없었지만 어느새 한 척의 커다란 배가 그의 관심을 사로잡았다. 동인도에서 방금 도착해서 지금 막 짐을 내리기 시작한 배였다. 이미 바닥은 차곡차곡 쌓인 상자들과 다닥다닥 놓인 꾸러미들로 가득했다. 그러고도 짐은 계속 나왔다. 설탕과 커피, 쌀과 후추로 가득한 통들도 나왔다. 그중에는 쥐똥으로 가득한 것들도 있었다. 그 놀라운 광경을 한참 구경하던 그는 상자 하나를 어깨에 메고 나오는 하역 인부에게 이 모든 훌륭한 물품을 바다에서 실어오는 그 행복한 사람은 이름이 어떻게 되냐 물었다. "칸 니트 퍼스탄"이라는 대답이 돌아왔다. 그는 생각했다. "아하, 과연! 그럴 만도 하네. 바다에서 저 정도로 부를 실어오는 사람이니까 그 정도로 좋은 집도 짓고 잘사는 거야. 그렇게 금도금 꽃병에다가 튤립을 잔뜩 꽂아서 창틀에 줄줄이 늘어놓고 사는 거지." 그는 왔던 길을 되짚어가면서 저 넓은 세상에 저 많은 사람이 서넣게 부자인데 나는 이렇게 가난하구나 하는 괴로운 생각을 시작했다. 하지만 "내가

『보물상자: 온 가족의 친구』 중에서

만약 언젠가 한번만이라도 저 칸니트퍼스탄이라는 분만큼 부자가 된다면" 하는 생각이 떠오른 순간, 모퉁이를 돌아 나오면서 장례행렬을 보게 되었다. 검은 천을 두른 네 필의 말이 똑같이 검은 천을 두른 영구마차를 끌고 느릿느릿 음울하게 전진 중이었다. 죽은 이를 안식처로 데려가는 길이라는 것을 알고 있는 듯했다. 고인의 친구들과 친지들이 둘씩 짝을 지어 따르고 있었다. 모두 검은 옷이었고 모두 조용했다. 멀리서 조종이 울렸다. 남의 장례식을 보게 된 선량한 사람을 그냥 내버려두는 법이 없는 서글픈 감정이 이제 우리 외지인을 사로잡았다. 그는 행렬이 다 지나갈 때까지 모자를 두 손에 벗어들고 경건하게 서 있었다. 행렬 맨 끝 조객은 자기가 사들인 목화의 가격을 100파운드당 10굴덴 인상하면 이윤은 얼마나 증가할 것인가를 묵묵히 계산하고 있었는데, 우리 외지인이 그에게 다가가 외투를 슬며시 잡더니 허심탄회하게 용서를 구하며 이렇게 말했다. "고인이 여기서 정말 좋은 분이셨나 봅니다. 조객들이 이렇게까지 안타까워하고 염려스러워하다니." '칸니트퍼스탄'이라는 대답이 돌아왔다. 그 순간 우리의 선량한 투틀링엔 청년의 눈에서 눈물이 뚝뚝 떨어졌다. 그의 마음은 갑자기 무거워졌지만 동시에 다시 가벼워졌다. 그는 목소리를 높였다. "불쌍한 칸니트퍼스탄, 그렇게 부자였던 사람이 지금 뭘 가졌는가? 이렇게 가난뱅이인 나도 언젠가 떠날 때는 당신과 똑같지 않겠는가? 옷 한 벌에 이불 한 장 아니겠는가? 그렇게 온갖 아름다운 꽃을 키우던 당신도 차게 식은 가슴 위에 얹을 로즈마리 한 단, 아니면 운향 한 단뿐이잖은가." 그는 이런 생각을 곱씹으면서 마치 자기도 조객인 것처럼 장례행렬을 따라 묘지로 가서는 칸니퍼스탄이라는 분이 무덤으로 내려지는 것을 지켜보면서 코끝이 찡해지는 것을 느꼈다. 그가 한마디도 알아듣지 못한 네덜란드어 추도사는 그가 번번이 흘려들었던 독일어 추도사들보다 감동적이었다. 그렇게 끝까지 있다가 다른 사람들과 함께 홀가분해진 마음으로 자리를 뜬 그는 독일어를 알아듣는 숙소를 찾아들어가 림부르크 치즈 한 덩어리를 맛있게 먹어치웠고, 세상에 저 많은 사람이 저렇게 부자인데 나는 이렇게 가난하구나 하는 생각에 괴로워질 때마다 암스테르담의 칸니트퍼스탄 님을 생각하고 그분의 근사한 저택과 그분의 엄청난 뱃짐과 그분의 비좁은 무덤을 생각했다.

1809

『보물상자: 온 가족의 친구』 중에서

「불쏘시개 프리더가 교도소를 탈출해 무사히 국경을 넘은 날」

 어느 날 불쏘시개 프리더는 감옥을 빠져나오는 길을 스스로 발견하고는 "이렇게 이른 시간에 교도소장을 깨우고 싶지는 않다"고 생각했다. 이미 모든 길에 지명수배장이 먼저 날아와 있었지만, 그는 저녁까지도 아직 발각당하지 않은 채 접경지 작은 도성 앞에 도착했다. 보초가 '당신 뭐하는 사람이냐, 이름 뭐냐, 어디 가냐' 어쩌고 하면서 그를 가로막자, 그는 기세 좋게 "너 폴란드어 안다?"라고 물었다. 보초는 이렇게 말했다. "외국어라면 나도 좀 알지! 하지만 폴란드어는 아직 전혀 몰라." 프리더는 이렇게 말했다. "만약 그때라면 우리 서로 이해할 수 업다. 성문에 문지기 높은 사람 업다?" 보초는 '높은 문지기'한테 가서 '초소에 폴란드 사람 있다, 우리 서로 이해할 수 없다' 어쩌고 전했다. 이제 높은 문지기가 와서 '폴란드어는 나도 잘은 모르고' 어쩌고 미리 사과했다. 그는 이렇게 말했다. "여기는 통행이 그렇게 많지가 않아서, 도성 안을 다 뒤져도 통역사 찾기 어려울 거야." 프리더는 여기 오는 길에 어딘가에 걸려 있는 것을 발견하고 쓱싹한 시계를 쳐다보면서 이렇게 말했다. "만약 그것을 알았다면, 나는 차라리 두 시간 더 걸어서 다른 도성에

갔을 것이다. 달은 아홉 시에 온다." 문지기는 "정 그렇다면, 어디 보자, 그냥 쭉 지나가. 들여보내줄게. 도성 안이 별로 크지도 않거든"라는 말과 함께 그를 털어낸 것에 만족했다.

프리더는 이렇게 무사히 성문을 통과해 도성 안에 들어갔다. 그가 그 작은 도성에 머문 시간은 길에서 늦장을 부리던 한 암거위에게 짧은 가르침을 전하는 데 필요한 시간보다 길지 않았다. "암거위들은 왜 다 이 모양인 게냐. 행실을 똑바로 하거라. 저녁이 됐으면, 집 안에 있든지, 보호자와 함께 있어야 하거늘." 그러면서 그는 암거위의 목덜미를 단단히 움켜쥐더니 역시 여기까지 오는 길에 어느 낯모르는 사람에게 빌려 입은 외투 속에 쏙싹했다. 그는 반대편 성문 앞에 도착했다. 평화조약의 유효성을 기대하지 않은 것은 여기서도 마찬가지였다. 초소가 있었고 안에서 용병의 기척이 있었다. 프리더는 초소에서 세 걸음 떨어진 곳까지 다가가 당당한 목소리로 "거기 누구냐!"라고 소리쳤고, 용병은 너무나 착한 목소리로 "우리 편이야!"라고 대답했다. 프리더는 그렇게 무사히 그 작은 도성을 빠져나가 국경을 넘었다.

1809

『보물상자: 온 가족의 친구』 중에서

텍스트 출처

발터 벤야민의 글

「요한 페터 헤벨」
"Johann Peter Hebel", 북서독일 방송국 라디오 강연, 1929년 10월 29일.

「소설의 위기」
"Krisis des Romans," *Die Gesellschaft* no. 7, 1(1930).

「산딸기 오믈렛」
"Maulbeer-Omelette," *Frankfurter Zeitung*, 1930년 5월 29일("음식Essen"이라는 큰 제목으로 묶인 다섯 편의 짧은 글 중 마지막 글), 그리고 *Neue Leipziger Zeitung*, 1930년 6월 8일.

「리스본 지진」
"Das Erdbeben von Lissabon," 베를린 방송국 라디오 강연, 1931년 10월 31일.

「오스카 마리아 그라프: 이야기꾼」
"Oskar Maria Graf als Erzähler," *Frankfurter Zeitung*, 1931년 11월 22일.

「속담에 관하여」
"Über Sprichwörter," 대략 1932년에 집필된 미완성 유고. *Gesammelte Schriften VI*(Frankfurt am Main: Suhrkamp, 1985).

「손수건」
"Das Taschentuch," *Frankfurter Zeitung*, 1932년 11월 24일.

「이야기와 치유」
"Erzählung und Heilung," *Frankfurter Zeitung*, 1933년 11월 15일. 데트레프 홀츠Detlef Holz라는 필명으로 발표.

「소설 읽기」
"Romane lesen," 대략 1933년에 집필된 유고. *Gesammelte Schriften IV*. 2(Frankfurt am Main: Suhrkamp, 1972).

「이야기 기술」
"Kunst zu erzählen," 대략 1933년에 집필된 유고. *Gesammelte Schriften IV*. 2(Frankfurt am Main: Suhrkamp, 1972).

「벽난로에서」
"Am Kamin," *Frankfurter Zeitung*, 1933년 5월 23일.

「경험지와 부족함」
"Erfahrung und Armut," *Die Welt im Wort* no. 1, 10(1933).

「이야기꾼: 니콜라스 레스코프 작품 고찰」
"Der Erzähler: Betrachtungen zum Werk Nikolai Lesskows," *Orient und Occident: Blätter für Theologie, Ethik und Soziologie* 3(1936[1937]).

에른스트 블로흐의 글

「침묵과 거울」
"Schweigen und Spiegel,"
Spuren(Berlin: Paul Cassirer, 1930).

「거인들의 장난감: 영웅담」
"Das Riesenspielzeug als Sage,"
Erbschaft dieser Zeit(Zürich: Oprecht & Helbling, 1935).

게오르크 루카치의 글

『소설의 이론』 중에서
"Die Theorie des Romans,"
Zeitschrift für Ästhetik und allgemeine Kunstwissenschaft 11(1916).

폴 발레리의 글

「마리아 모니에의 수예」
"Les Broderies de Marie Monnier,"
Broderies de Marie Monnier(Paris: Galérie E. Druet, 1924); 발레리의 *Petit recueil de paroles de circonstance*(1926)와 *Pièces sur l'art*(Paris: Maurice Darantière, 1931[1st edition]; Gallimard, 1934[2nd edition])에 수록.

요한 페터 헤벨의 글

『보물상자: 온 가족의 친구』 중에서
「뜻밖의 재회Unverhofftes Wiedersehen」가 처음 실린 곳은 1811년 책력 『온 가족의 친구Rheinländischer Hausfreund』. 「칸니트퍼스탄Kannitverstan」과 「불쏘시개 프리더가 교도소를 탈출해 무사히 국경을 넘은 날Wie der Zundelfrieder eines Tages aus dem Zuchthaus entwich und glücklich über die Grenzen kam」이 처음 실린 곳은 1809년 책력 『온 가족의 친구Rheinländischer Hausfreund』. 나중에 세 편이 함께 실린 곳은 『보물상자: 온 가족의 친구Schatzkästlein des Rheinländischen Hausfreundes』(Tübingen: J. G. Cotta, 1811).

찾아보기 | 용어

가짜 서정성Pseudolyrik 207

경험지Erfahrung 13~17, 20, 22, 24~25, 80, 83~84, 112~115, 121, 125~127, 130, 139, 143 159

기사문학Ritterroman 189

낭만주의Romantik 51, 192
- 낭만주의적 51
- 환멸의 낭만주의 198, 201, 207
- 민중낭만주의Volksromantik 189

내면의 대화dialogue intérieur 53

다수의 최후Ultima multis 144

동화Märchen 78, 82, 132, 159~163, 182~193
- 고급동화Groß-Märchen 189
- 저급동화Grob-Märchen 189
- 해방동화 189

만물회복설apokatastasis 161

문자소설Schreibroman 52

민담 127, 187~189

민중Volkstum 158, 190, 192
- 민중 작가 18
- 민중예술 37, 42

서사시Epos 20~21, 132, 151~152, 198, 205~206

세계라는 극장theatrum mundi 167

소설가Romancier 16, 24~25, 48~49, 78, 104, 110, 132, 152~153

소설적romanhaft 51, 207

신화Mythos 159~163, 183, 185~188, 191~193

익살문학Schwankliteratur 167

인류의 경험지Menschheits-erfahrung 115

지금 여기Hier und Jetzt 36, 46, 180

책력용 이야기Kalendergeschicht 17~18, 38, 43

체험성Erlebnis 29, 80, 84

통속물Kolportage 183, 189~190, 192~193

포에지Poesie 200

프라 디아볼로Fra Diavolo 190

찾아보기 | 서명

『감정교육L'Éducation Sentimentale』 61, 154, 201~203, 205

「거인들의 장난감Das Riesenspielzeug als Sage」 31, 182~193

「경험지와 부족함Erfahrung und Armut」 15, 22, 112~123

『골동품 가게The Old Curiosity Shop』 106

「관객 수첩Carnet du Spectateur」 31

「기술복제시대의 예술작품Das Kunstwerk im Zeitalter seiner technischen Reproduzierbarkeit」 12, 27~28

『나자Nadja』 20

『노부인들 이야기The Old Wives' Tale』 21, 102, 109

『누벨 르뷔 프랑세즈La Nouvelle Revue Française』 31

「대서사 작품의 구조Der Bau des epischen Werks」 50

「대학생의 삶Das Leben der Studenten」 15

「도스토옙스키의 『백치』Dostojewskijs Idiot」 16

『도시 거주자를 위한 독본Lesebuch für Städtebewohner』 120

『독일 비애극의 기원Ursprung des deutschen Trauerspiels』 11, 14

『동양과 서양Orient und Occident』 11

「뜻밖의 재회Unverhofftes Wiedersehen」 18, 39, 145, 223~227

「러시아의 맥베스부인Die Lady Macbeth von Mzensk」 164

『레바나: 교육론Levana oder Erziehlehre』 43

「리스본 지진Das Erdbeben von Lissabon」 65~76

「마법에 걸린 순례자Die verzauberte Pilgrim」 161

『만물의 근원적 원칙들De principiis』 161

『먼 옛날의 이야기들Alte Zeiten in Plodomassowo』 168

「미래철학강령Über das Programm der kommenden Philosophie」 15

『베를린 알렉산더 광장Berlin Alexanderplatz』 20, 52, 55, 59

「벽난로에서Am Kamin」 21, 102~111

『보물상자. 온 가족의 친구Schatzkästlein des Rheinländischen Hausfreundes』 130, 145, 223~233

『보체크Wozzeck』 44

「부양자 코틴과 플라토니다Kotin der Ernährer und Platonida」 163

「불쏘시개 프리더가 교도소를 탈출해서 무사히 국경을 넘은 날Wie der Zundelfrieder eines Tages aus dem Zuchthaus entwich und glücklich über die Grenzen kam」 232~233

『빌헬름 마이스터의 편력시대Wilhelm Meisters Wanderjahre』 133

「소설가와 이야기꾼Romancier et Erzähler」 19

『소설의 이론Die Theorie des Romans』 21, 153, 197~209

「소피아의 최후End of Sophia」 110

『속담의 경험Expérience du proverbe』 31, 84

「속임수Der Betrug」 136, 141

「손수건Das Taschentuch」 85~93

『아브라함 토넬리Abraham Tonelli』 55

『아케이드 프로젝트Arcades Project』 11

『역사Historíai』 30, 98, 136, 219~222

「왜 이야기 기술은 사라지고 있는가Warum es mit der Kunst Geschichten zu erzählen zu Ende geht」 19

「왜 키예프에서는 책값이 비싼가Warum sind in Kiew die Bücher teuer」 129

『위폐범들Les Faux-monnayeurs』 51

『위폐범들의 일기Journal des Faux-monnayeurs』 51

「이야기꾼Der Erzähler」 9~14, 17, 19~20, 22~23, 27~29, 31, 124~173

『책력용 이야기들Kalendergeschichten』 77, 81

「침묵과 거울Schweigen und Spiegel」 30, 177~181

「칸니트퍼스탄Kannitverstan」 18, 227~231

「콘스탄스의 최후End of Constance」 110

「크로이처 소나타의 경우Anläßlich der Kreutzersonate」 141, 167

『파리의 농부Le Paysan de Paris』 20

「프루스트의 이미지Zum Bilde Prousts」 20

『피가로Le Figaro』 134

『흔적들Spuren』 30

「흰 독수리Der weiße Adler」 136

찾아보기 | 인명

갈, 프란츠 요제프Gall, Franz Joseph 44

게르스테커, 프리드리히Gerstäcker, Friedrich 127

젤리오, 르네-마르텡Guelliot, René-Martin 31

고리키, 막심Gor'kii, Maksim 158

고트헬프, 예레미아스Gotthelf, Jeremias 127, 130, 162, 186, 191

그라프, 오스카 마리아Graf, Oskar Maria 19, 77, 82

글라스브레너, 아돌프Glassbrenner, Adolf 54

네스트로이, 요한Nestroy, Johann 193

노디에, 샤를Nodier, Charles 130

담바허, 요제프 야코프Dambacher, Josef Jakob 44

되블린, 알프레드Döblin, Alfred 20, 48, 50~54, 58~61

디킨스, 찰스Dickens, Charles 58, 104, 106

라치스, 아샤Lacis, Asja 31

레스코프, 니꼴라이Leskov, Nikolai 12, 19, 24, 28, 32, 124~125, 128~130, 136, 141~142, 148~150, 158, 161~170

로스, 아돌프Loos, Adolf 23, 117, 119

루카치, 게오르크Georg Lukács 21, 153

르코르뷔지에Le Corbusier 23, 119

리프, 프리츠Lieb, Fritz 11

마르크스-슈타인슈나이더, 키티Marx-Steinschneider, Kitty 23~24

모니에, 마리Monnier, Marie 32

몽테뉴, 미셸 드Montaigne, Michel de 13, 30, 100, 137~138

바그너, 빌헬름 리하르트Wagner, Wilhelm Richard 188, 192

바타유, 조르주Bataille, Georges 10

발레리, 폴Valéry, Paul 13, 32, 142~143, 171~172

베넷, 아널드Bennett, Arnold 21, 102, 105~106, 109, 153

베데킨트, 프랑크Wedekind, Frank 80

베른, 쥘Verne, Jules 117

브레통, 앙드레Breton, André 20

브레히트, 베르톨트Brecht, Bertolt 23, 54, 117, 120

블로흐, 에른스트Bloch, Ernst 30~31, 161~162, 191

비네켄, 구스타프Wyneken, Gustav 14

빌머상, 이폴리트 드Villemessant, Hippolyte de 134

새커리, 윌리엄 메이크피스Thackeray, William Makepeace 104

셀즈필드, 찰스Sealsfield, Charles 127

셰어바르트, 파울Scheerbart, Paul 23, 117~121

숄렘, 게르솜Scholem, Gershom 17, 21

슈테른베르거, 돌프Sternberger, Dolf 190~191

슈티프터, 아달베르트Stifter, Adalbert 38

슈펭글러, 오스발트Spengler, Oswald 23

스콧, 월터Scott, Walter 104

스티븐슨, 로버트 루이스Stevenson, Robert Louis 104, 173

아도르노, 테오도어Adorno, Theodor 10, 27

아라공, 루이Aragon Louis 20

아렌트, 한나Arendt, Hannah 10

아인슈타인, 알베르트Einstein, Albert 23, 116

엔소르, 제임스Ensor, James 114

오리게네스Origenes 161

지드, 앙드레Gide, André 51~52, 119

코로, 장 바티스트 카미유Corot, Jean Baptiste Camille 171

크라카우어, 지그프리트Kracauer, Siegfried 21

클라게스, 루트비히Klages, Ludwig 188

클레, 파울Klee, Paul 23, 116~117

키플링, 조지프 러디어드Kipling, Joseph Rudyard 104, 158

티크, 루트비히Tieck, Ludwig 55

포, 에드거 앨런Poe, Edgar Allan 158, 173

폴랑, 장Paulhan, Jean 31, 84

플로베르, 귀스타브Flaubert, Gustave 50, 52, 61, 104, 154, 201

필리포비치, 필리프Filippovich, Filipp 165

하우프, 빌헬름Hauff, Wilhelm 173, 190

하이만, 모리츠Heimann, Moritz 108, 156

헤로도토스Herodotos 30, 98, 101, 136, 138, 178

헤벨, 요한 페터Hebel, Johann Peter 18~19, 35, 37~47, 127, 130, 145~147, 158, 167

헤벨, 크리스티안 프리드리히Hebbel, Christian Friedrich 206

헤셀, 프란츠 Hessel, Franz 31
훔퍼딩크,
  엥겔베르트 Humperdinck,
  Engelbert 188

이야기꾼 에세이

초판 1쇄 펴낸날 2025년 10월 25일

지은이 발터 벤야민
옮긴이 김정아
펴낸이 김영정

펴낸곳 (주) 현대문학
등록번호 제1-452호
주소 06532 서울시 서초구 신반포로 321(잠원동, 미래엔)
전화 02-2017-0280
팩스 02-516-5433
홈페이지 www.hdmh.co.kr

ⓒ 2025, 현대문학

ISBN 979-11-6790-328-0 (03100)

* 이 책에 수록된 게오르크 루카치의 「『소설의 이론』 중에서」는 유족인 저작권자와 연락을 취할 수 없어 임의로 사용했음을 밝힙니다. 저작권자와 연락이 닿는 대로 사용 동의에 대한 정식 허가 절차를 밟겠습니다.

* 책값은 뒤표지에 있습니다.
* 파본은 구입처에서 교환해드립니다.